ENQUANTO É TEMPO

EDGARD ARMOND

ENQUANTO É TEMPO

Aliança

3ª edição, Junho/2025, do 9º ao 10º milheiro.

Título
Enquanto é Tempo

Autor
Edgard Armond

Revisor
Maria Aparecida Amaral

Diagramação
Sônia Silva e Marina Quicussi

Capa
Sônia Silva

Impressão
Rettec Artes Gráficas e Editora Ltda.

Ficha Catalográfica

Dados Internacionais de Catalogação na Publicação (CIP)
(Câmara Brasileira do Livro, SP, Brasil)

Armond, Edgard, 1894-1982
Enquanto é Tempo / Edgard Armond
3ª edição - São Paulo: Editora Aliança - 2018
160 págs.

1. Espiritismo 2. Espiritismo I. Título

A763e CDD-133.9

Índice para catálogo sistemático:

1. Escritos psicografados: Espiritismo 133.93

Editora Aliança
Rua Major Diogo, 511 - Bela Vista - São Paulo - SP
CEP 01324-001 | Tel.:(11) 2105-2600 | @aliancalivraira
www.editoraalianca.com.br | editora@editoraalianca.com.br

ÍNDICE

Apresentação

As entidades superiores que ditaram a Doutrina dos Espíritos apresentaram-na com aspecto eclético, abrangendo as atividades espirituais nos campos da ciência, da filosofia e da religião, como a atestarem sua ampla área de ação, por isso, uma das importantes tarefas dos líderes é evitar que a ignorância de uns, os escrúpulos exagerados de outros, ou interesses meramente humanos a desviem para utilitarismos sectários que afetem sua capacidade de abrangência mundial.

Sua grandeza inalterável está na sua destinação cósmica, sua finalidade redentora e seu poder de transformar intimamente os adeptos, preparando assim a humanidade para evoluir mais rapidamente para mundos mais elevados.

Essa era a feição do Cristianismo Primitivo, enquanto obediente aos ensinamentos de Jesus, transferida hoje para o Espiritismo que é, pois, o arauto autêntico da fraternização universal pelo amor.

O missionário Kardec, elaborando a Codificação como o fez, teve em vista essas circunstâncias e jamais forneceu em suas obras ou comentários quaisquer subsídios contrários a esta elevada conceituação.

Por que foi dito que "o Espiritismo vencerá com os homens, sem os homens e apesar dos homens"? Justamente porque, tratando-se de uma doutrina de finalidade tão ampla, destinada à redenção de uma humanidade planetária, não depende somente e em si mesma, de pessoas: porque a verdade que ela encerra é eterna, imutável, e aos homens é que compete alcançá-la para se beneficiarem dela.

O Autor

ADVERTÊNCIA

Sendo verdade que os pensamentos de Deus não são os pensamentos dos homens, nem seus caminhos sendo os mesmos, os fins da Criação, todavia, não diferem, a saber: a espiritualização progressiva dos seres humanos e sua reintegração nas esferas divinas de origem, após o esforço da evolução.

Considerando também que redenção quer dizer luz, amor e libertação, não há lugar no Espiritismo para sectarismos, exclusivismos, particularizações.

Os comentários aqui feitos não fogem a esse sentido da Doutrina e os expomos de maneira simples, como julgamos mais útil à sua difusão em nosso meio, infelizmente ainda carente de espiritualidade, porque ainda não compreendemos em toda sua profundidade, a grandeza da revelação evangélica.

Faremos aqui interpretações ligeiras e simples, concernentes à vivência evangélica no sentido espírita, com base em nossas próprias obras e em diversos outros Autores.

O Autor

1

Assim Caminhamos

No esforço de espiritualização já não se caminha mais com tanto aprumo, quando se avançou alguma coisa no rumo do conhecimento, e a inteligência já percebeu o quanto existe além daquilo que está ao alcance dos sentidos físicos.

Parece que o homem material pisa firme: o que avançou a meia jornada vacila e o que se avantaja na vanguarda volta a pisar firme, isto é, parece que tanto a ignorância como a sabedoria dão firmeza.

Paradoxo? Não. O ignorante pisa firme porque a ilusão do mundo material o empolga e não deixa perceber, da realidade, senão aquilo que é aparente. Como um adorador de aparências, vive de enganos e possui, por isso mesmo, a segurança ilusória da inconsciência.

É estranho, mas verdadeiro: pisa firme porque é cego.

O que está em meio à jornada vacila, indeciso... não é mais propriamente um cego, mas não tem ainda convicções firmes, serenidade e fé. Ainda não se integrou naquilo que começa a perceber. No amálgama do falso e do verdadeiro, não sabe o que preferir, nem por onde orientar seus passos. Está entre a sombra e a luz. Sabe que a luz existe, porque já lhe vislumbra pálidos reflexos, mas ainda está submerso em sombras e, por isso, não enxerga com nitidez.

Quanto ao que vai à frente, esse caminha firme, porque o faz no claro, de olhos abertos, em plena consciência de suas forças e de seu maravilhoso destino.

Pisa firme porque venceu muitas batalhas no campo das experiências e adentrou o reinado da luz, e testemunhou, por si mesmo, vivendo e sofrendo a sabedoria que brilha no código moral maravilhoso do Divino Condutor.

Tem, então, firmeza, porque tem sabedoria e fé, que conquistou vivendo e que a morte, de cada vez, lhe aumenta, desvendando-lhe, pari passu, horizontes cada vez mais amplos e acolhedores.

Assim caminharemos todos, enquanto vivermos em mundos onde haja a luz das realidades eternas que Jesus tornou bem acessíveis, como um sol aquece e ilumina o caminho certo para o reino de Deus.

2

O Santuário

Criadas inconscientes e minúsculas, as partículas divinas (futuros Espíritos[11]), vão crescendo em poder, sabedoria e amor, através das experiências da vida e da morte, na eternidade do tempo e assim, cada vez fulgura mais intensamente, no íntimo de cada uma, a luz radiosa que é o reflexo de Deus Criador.

É nesse íntimo, transformado em santuário, que as virtudes divinas resplendem, sobrepujando as formas e se sobrepondo a todas as manifestações aparenciais dos invólucros exteriores.

Todo esforço deve ser feito para conservar essa semente original limpa e brilhante, purificada de toda mácula, para que o potencial divino nela se manifeste em toda sua magnificência e expressão de bondade e de amor.

Desse santuário interno fulge a luz que nos guia, iluminando as sendas escuras da vida, e dele também esplende, doce e quente, o amor que engrandece e santifica para a eternidade, porque Deus é amor.

Nos Planos Espirituais de mais elevada condição, a irradiação dessa luz é tão intensa que, por si só, ilumina os ambientes e, quando estão reunidos Espíritos dessa condição maior, as luzes que eles irradiam fulgem como lâmpadas poderosas, com as cores que lhes são próprias e sem se misturarem, como num arco-íris.

O problema espiritual é fazer com que a luz de Deus que está em nós, em estado potencial desde a criação, surja para fora e se sobreponha à matéria, mostrando como a centelha informe que viveu em trevas e mais tarde em sombras, exteriorizando-se lentamente na evolução, se transforma em um ser luminoso de elevadas e amplas possibilidades de ascensão nas esferas espirituais superiores.

Porque as experiências amadurecem o Espírito; os sofrimentos o purificam, queimando no corpo físico os impulsos da animalidade inferior e esse processo, que dura milênios, é a condição essencial para que a luz divina resplandeça em nós como um sol.

---

[1] Nesta, como nas demais obras da Editora Aliança, o termo "espírito" inicia-se com **"e"** (minúsculo) quando o sentido é de partícula ou centelha divina, e **"E"** (maiúsculo) quando o sentido é de ser individualizado (centelha divina + corpo perispiritual), conforme adotado pela codificação kardequiana. (Nota da Editora)

3
Nos Mesmos Caminhos

O maior número daqueles que se dedicam aqui na Terra, à difusão das verdades espirituais, é de trabalhadores de classe inferior, Espíritos ainda retardados e devedores, em fase de resgates, mas é fora de dúvida que, ligados firmemente a Jesus, serão fortalecidos e poderão realizar uma cooperação altamente proveitosa nos programas do Plano Espiritual Superior.

Vibrando com os Poderes Espirituais no sentido do Bem, poderemos ajudar a neutralizar a força deletéria das Trevas e clarear os horizontes do mundo, nos setores ao nosso alcance individual, no mínimo em termos de consolação e de esperança, produzindo, assim, uma atividade construtiva e benéfica.

Assim como fez com os apóstolos e discípulos, depois de armá-los com esclarecimentos e poderes espirituais mediúnicos, mandando que saíssem pelo mundo a pregar a Boa Nova, assim até hoje Jesus está fazendo, através de prepostos e mensageiros, aprendizes e discípulos, espalhados pelo mundo.

Os trabalhadores de hoje, que são milhares, por mais humildes que sejam, também recebem o mandato e também saem e falam em Seu nome, e pregam a mesma mensagem redentora de outrora.

E se essa pregação não tem maior brilho, ou força realizadora, é porque ainda não possuímos as virtudes de Espírito que os mensageiros daquele tempo possuíam, sobretudo no terreno da fé, da humildade, do desprendimento e do amor, que ganhavam alento poderoso e único na esperança do breve regresso do Mestre, conforme promessa ouvida de Sua própria boca e que julgavam dever realizar-se nos seus próprios dias.

Os tempos mudaram mas as necessidades são as mesmas e devemos, hoje, demonstrar as mesmas virtudes valiosas e provar que, apesar de tudo, pelo grande amor que devotamos ao Divino Mestre e com o Seu poderoso auxílio, nos faremos dignos das tarefas que nos cabem no campo de propagação evangélica.

4
Espiritualização

O que acima de tudo deve interessar aos homens encarnados é o progresso espiritual, pois que esta é a única finalidade da vida dos seres em todos os escalões e em todos os mundos. A espiritualização, portanto, representa o próprio motivo da existência; e o melhor meio de consegui-la é enriquecer a mente, dulcificar o coração e dedicar-se ao Evangelho, estudá-lo, compreendê-lo, interpretá-lo com exatidão e em consequência, vivê-lo e testemunhá-lo em todas as circunstâncias e ocasiões.

Isto não é fácil, mas esta é a luta inevitável, que depende, em grande parte, de decisão, fé, vontade firme e perseverança constante.

Espiritualização é a exteriorização, é o "vir-à-tona" da centelha, isto é, do Eu interno, no esforço de sintonizar-se à vibração universal divina, que é harmonia, luz e amor; é sobrepor-se o homem ao mundo material, purificando-se para conquistar o direito de viver em mundos mais perfeitos.

Contrariamente, permanecendo na vibração baixa, inferior, própria da matéria densa, o homem viverá como escravo desta, pelo instinto ou pelo intelecto, não importa, mas sempre com o Espírito submerso. São dois extremos, mas entre eles haverá naturalmente, uma escala progressiva, na qual se situarão todos os seres, do animal ao homem evangelizado.

À medida que se espiritualiza, o ser humano demonstra mudanças visíveis dentro e fora de si mesmo. O homem atual atingiu um ponto na evolução cósmica do planeta em que qualquer melhoria que demonstre no campo moral, trará resultados rápidos e positivos, porque o tempo da expectação terminou e agora urge acelerar o esforço de aperfeiçoamento.

É fácil distinguir aquele que se espiritualiza; basta ver para onde vão e como se manifestam na vida comum seus sentimentos, pensamentos e atos, porque, por mais que o intelecto venha em auxílio, com artifícios ou subterfúgios, não poderá esconder o que nele predomina, a saber: a densidade do mundo material no corpo físico ou a exteriorização da centelha, em forma de luz e de amor, no campo moral.

Podemos entender através da Bíblia que para onde forem os sentimentos e os pensamentos dos homens, aí estão seu coração e sua consciência, amadurecida ou embrionária, carente de espiritualidade; e isso os classificará automaticamente por si mesmos, nos paralelos norte e sul do mundo do Espírito. Não há alternativas: ou ainda se cevam nas ilusões do mundo material ao qual se escravizam, ou se desprendem dele e sobem na sintonia dos mundos divinos.

Este é um esforço de milênios, inúmeros dos quais já se passaram, sem que o homem atingisse tais alturas, mas o Evangelho sempre lhe ofercce, neste orbe, um poderoso auxílio para a realização imediata da espiritualização, desde que seja compreendido, interpretado e vivido na essência de sua significação e do seu poder redentor, como o Espiritismo ensina.

5
A Família

A reunião de Espíritos, quase sempre diferentes, moral e intelectualmente, em uma mesma família, formando um mesmo lar, é providência tomada por força de acordos pré-encarnatórios e compromissos assumidos antes do nascimento, no Plano Espiritual.

As finalidades principais desses agrupamentos de indivíduos diferentes são:

a) resgates de dívidas do passado;

b) desenvolvimento da capacidade de amar aos semelhantes;

c) afinização entre participantes, sendo a consanguinidade problema simplesmente decorrente, porém complementar porque, pela hereditariedade, muitas das provações se efetivam.

As diferentes condições necessárias às provas a passar juntos pelos membros da família, são providenciadas pelos benfeitores espirituais encarregados das reencarnações, com anuência dos interessados, quando estes têm liberdade de opção e, compulsoriamente, nos casos contrários.

Para os Espíritos benfeitores é um trabalho delicado e penoso este de reunir, num mesmo agrupamento familiar, as pessoas e as condições necessárias aos reajustes e provações.

Se os conhecimentos espíritas fossem mais difundidos, muitos fracassos encarnativos seriam evitados, os resgates e as aproximações facilitados, cada uma das partes agindo com a consciência despertada para os benefícios comuns do grupo.

As leis e costumes diferentes e sobretudo os ensinamentos religiosos afastados da realidade e impostos aos homens durante séculos, desviaram-nos dos rumos certos e promoveram continuados fracassos encarnativos ou, no mínimo, baixo aproveitamento de oportunidades em sucessivas encarnações.

O lar familiar é um primeiro campo de reajustes e de experiências afetivas, onde a fraternidade e a tolerância podem ser exercitadas, visando a futura expansão do sentimento divino do amor espiritual.

Acostumando-se a querer bem àqueles que são do mesmo sangue ou da mesma grei e estendendo a tolerância às gerações seguintes, de netos e bisnetos, vai crescendo essa capacidade afetiva, penetrando os homens no campo mais amplo e geral do amor aos semelhantes, extensivo, por fim, aos estranhos.

A civilização atual está aniquilando esses sentimentos e afastando essas oportunidades, substituindo-as pela indiferença, pelo egoísmo, pela insensibilidade que caracterizam o materialismo hodierno.

Nações inteiras expoentes dessa civilização ilusória, estão caminhando para a anarquia social, na qual desaparecem o respeito e o pudor, e o sexo é entronizado pelo amor livre, desembaraçado dos liames afetivos da família, num regresso lastimável à animalidade anterior.

A defesa intransigente da estabilidade dos lares, no seu sentido cristão, é uma das tarefas a que os Discípulos de Jesus devem dedicar-se com firme determinação, porque a purificação do corpo e do Espírito que os lares cristãos favorecem, é condição indispensável ao aprimoramento da evolução.

Há uma forte tendência de se implantar no mundo essa licença sexual desmoralizante, para que os instintos inferiores campeiem livremente; e este é um dos sinais de que a Besta Apocalíptica tenta estender seu domínio amplamente, opondo-se às hostes iluminadas do Cristo Planetário, das quais todos os espíritas devem fazer parte.

6

A Criação

O Absoluto — Deus — em sua mente absoluta, ininterrupta e eternamente, cria, mas, entre cada onda criativa, ocorre uma pausa como, aliás, se verifica em toda a Natureza objetiva: nos fenômenos atmosféricos, nas estações, na pulsação do sangue, nos pêndulos dos relógios, etc., pausas essas que obedecem também à lei cósmica do ritmo.

Na mente absoluta as criações se sucedem umas após outras e, da mesma forma, umas após outras, se apagam, chegando ao termo de suas vidas. Quando nascem, no Plano Divino, é como se fossem acendendo e quando descem ao plano fenomênico da matéria, é como se fossem apagando. Quando se acendem, a involução começa e, quando se apagam, ela termina e inicia-se a volta à origem.

A criação está sujeita a dois ciclos de existência, a saber:

a) **Involução**[2] ou queda, que é a descida do elemento criado, do Plano Divino ao Plano Físico (da manifestação).

b) **Evolução** ou retorno, que é a subida do plano da manifestação ao Plano Divino, de origem.

No Plano da Criação estes fenômenos se encadeiam em relâmpagos de tempo, enquanto que no Plano Relativo (o da manifestação), duram éons[3] de tempo, durante os quais a evolução das coisas se processa.

Na Criação consideramos três ordens de elementos[4], a saber: as partículas inteligentes (futuros Espíritos); a substância fundamental cósmica, (o elemento plasmável); e a energia dinâmica que assegura e vitaliza o movimento.

No ciclo involutivo o elemento inteligente vai gradativamente perdendo luz à medida que se afasta do foco gerador e, ao mesmo tempo, perdendo capacidade expansiva, como que adormecendo dentro de si mesmo. Isso sucede até o termo final do ciclo quando, completamente fechado em si mesmo, sem nenhuma possibilidade de manifestação, passa a ser somente o que realmente é, a saber: uma partícula emanada da Divindade a transformar-se, futuramente, em um ser perfeito mas, agora, simplesmente com capacidades em potencial.

O pensamento divino, ao ser gerado na mente divina, é emitido com uma força de destinação, em consequência da qual desce até o ponto terminal do ciclo descendente, ponto esse em que a força oposta — a de atração sin-

[2] É oportuno esclarecer que, no contexto do artigo, *involução* não significa *retrocesso espiritual*. O próprio capítulo explica bem o sentido que lhe é dado. (Nota da Editora)

[3] Éon = período cósmico, na concepção iogue, conforme *Dicionário Enciclopédico Koogan Larousse Seleções*. (Nota da Editora

[4] Ver *O Livro dos Espíritos*, perguntas 27 e 27a. (Nota da Editora)

tônica — se apodera dele e o leva para cima, em movimentos ascendentes de retorno, até o Plano Divino. A mesma força que o projeta para **baixo**, na involução, arrasta-o de retorno para **cima**, na medida que ele vai se despojando dos invólucros físicos, exteriorizando-se.

Isso é o que se passa com o Espírito.

Quanto à matéria, sucede o seguinte:

A mente divina, assim como cria partículas inteligentes, suscetíveis de evolução individual, cria também e ao mesmo tempo, ondulações imensas de substância primordial plasmável, suscetível de transformações inumeráveis, que mediante abaixamentos gradativos de vibração, formam as diferentes esferas do mundo material, até atingir o ponto limite aparente e concreto, os minerais (isso, bem entendido, referindo-se ao nosso planeta).

E quanto ao elemento energético, que movimenta toda a manifestação fenomenal, este é inerente ao ato criador, como um alento da Divindade a animar eternamente a vida universal.

Assim se forma o mundo fenomenal das manifestações que são aparentes, ilusórias, face à eternidade do Plano Absoluto, mas reais e objetivas no Plano Relativo das coisas criadas.

Encerrado assim o ciclo involutivo temos, em seus pontos terminais, duma parte o pensamento divino, a **semente espiritual** involucrada, pronta a desenvolver suas possibilidades potenciais; doutra parte a **matéria** (energia condensada) formando o mundo aparente, destinado a fornecer à centelha divina o ambiente e os elementos concretos necessários à sua movimentação de retorno; por fim, a **energia cósmica**, como elemento vitalizador desse conjunto.

No início, a centelha começa então a movimentar-se lentamente, custodiada por assessores divinos, visando sua sensibilização progressiva, que lhe permitirá a formação de órgãos para a utilização futura do Espírito consciente. Quanto mais depressa se assenhoreia, se adapta e assimila esse mundo fenomenal ilusório, tanto mais depressa vai completando sua própria organização e se aparelhando para experiências mais amplas e profundas em reinos diferentes da Natureza; adquirindo novos atributos e se reiluminando, numa atividade tremenda e ininterrupta que dura milênios.

Quanto mais se apura a centelha, tanto mais benéficos são os ambientes em que passa a evoluir e tanto mais esplende a luz interna que é a sua essência divina, até o momento em que, adquiridos todos os atributos necessários e terminada a sua organização psíquica, surge então como um ser espiritual altamente dotado de consciência universal, poder e sabedoria, apto a se reintegrar nos altos planos divinos de origem. E assim se fecha o ciclo da criação.

A observância de um código moral como o Evangelho de Jesus, sua vivência e testemunhação ajudam enormemente, nos planos inferiores, a apressar esse movimento ascensional de retorno.

7
Na Propagação

O Espiritismo floresce, de preferência, nas classes mais humildes, tal como sucedeu com o Cristianismo primitivo, antes que fosse oficializado e transformado em arma de dominação político-religiosa.

Nas classes altas geralmente imperam defeitos mais incompatíveis com a evangelização, como sejam: o egoísmo, o orgulho, o conceito de separação, de privilégios; a ambição insensata pela posse de dinheiro, posições, cargos, e outras vantagens sociais e econômicas contrárias à humildade, à bondade, à tolerância, características do verdadeiro cristão.

As casas espíritas, sem restrições de qualquer espécie, abrem suas portas a todos, pois que a todos os sofrimentos atingem, as necessidades angustiam; e a muitos, também, a mediunidade se revela, exigindo cuidados, orientação, encaminhamentos; mas o afluxo maior de frequentadores e participantes sempre é das classes menos favorecidas e mais humildes. Por quê?

Porque estes seres, os que mais sofrem, os que vivem com mais dificuldades, os que lutam mais a descoberto, muitas vezes ao desamparo, são os que têm mais fé, mais fervorosamente realizam as práticas doutrinárias e mais compreensivamente cooperam para o bem do próximo, justamente porque são mais sensíveis aos seus problemas e necessidades.

Os ensinamentos de Jesus falam-lhes muito mais fundo nas almas, porque foi para eles que estendeu os melhores recursos de sua bondade divina.

Onde há dinheiro, facilidades, comodidades, agarramento às coisas materiais, o Espiritismo normalmente não é bem recebido, não medra facilmente, porque ali imperam defeitos, preconceitos e exclusivismos mais arraigados e o Espiritismo, justamente, ensina o desprendimento, a fraternidade, a humildade, como testemunhos obrigatórios dos adeptos.

Bem-aventurados, entretanto, os que, sendo ricos de bens materiais, são-no também de bondade e de sentimentos fraternos para o próximo menos favorecido; bem-aventurados sobretudo, se dão testemunho desses sentimentos, porque assim provarão que superaram as condições infelizes do mundo inferior e já poderão caminhar rumo ao Reino dos Céus, **passando pela Porta Estreita**, na expressiva alegoria do Evangelho.

8

O Real Valor

A Doutrina dos Espíritos, codificada por Kardec, há pouco mais de um século e por ele intitulada Espiritismo, tem três aspectos diferentes, uns prevalecendo sobre os outros, segundo as preferências ou o entendimento dos adeptos.

Muito papel tem sido gasto a respeito destas diferenças aparenciais, mas a verdade é que o valor intrínseco da Doutrina transcende as preferências, e seu caráter mais precioso está na sua capacidade de falar fundo às almas, de operar as transformações íntimas das pessoas, espiritualizando-as, auxiliando-as a redimir-se pelos resgates do passado culposo, abrindo-lhes horizontes novos e mais acolhedores no futuro.

Nesse caráter é uma religião não de ameaças nem de promessas vãs, mas de autocompreensão, que desperta nos indivíduos a consciência viva das responsabilidades próprias.

Esta é a maior força da Doutrina e do seu caráter verdadeiramente atuante e construtivo no seio das massas humanas, sem distinções de classes, cor, raça, crença ou restrições de qualquer espécie.

Isto é o que ela tem de melhor para oferecer ao mundo, nestes tempos atribulados e atemorizadores que colocam os homens à frente do dilema: afundar-se em abismos de sombras ou ascender aos céus com Jesus, evangelizando-se.

Se os homens não se transformarem em sentimentos, pensamentos e atos, inútil será que discutam sobre os diferentes aspectos da Doutrina; e se ela não fosse capaz de operar neles essas transformações profundas e radicais, inútil também seria que tivesse quantos aspectos fossem e tivesse sido outorgada ao mundo como uma dádiva de Deus e uma esperança final do Plano Diretor Planetário, porque não teria sido, então, outra coisa que uma doutrina a mais das que vão (como as muitas que vieram antes) para os arquivos da transitoriedade.

9
O Simbolismo das Duas Portas

O tumulto da vida material obscurece o entendimento e afasta o homem de Deus; aumenta-lhe o egoísmo e a ferocidade animais, que ainda lhe estão no âmago da alma e o tornam indiferente ou negligente em relação às coisas do Espírito.

Enquanto a vida estua-lhe nas veias e o mundo lhe oferece os bens atraentes e obcecantes do transitório, ele raramente se lembra da filiação divina e dos deveres que lhe competem e, muitas vezes, nem mesmo acredita que é um Espírito imortal de eterna duração.

Mas quando a campainha do destino toca, os acontecimentos imprevistos começam a ocorrer, as vicissitudes se aproximam, a dor o visita ou a velhice lhe retira as forças e joga-o a um canto, obrigando-o a depender dos outros nas coisas mais íntimas, então ele começa a curvar-se e voltar-se para esse outro lado, tentando soluções apressadas ou negociadas, com os recursos materiais que possui. Adoça-se de repente, choraminga por conforto moral, e se dá como infeliz com as mudanças...

No mundo as portas se abriram facilmente à sua frente e por isso ele subestimava os valores espirituais; arredava qualquer dificuldade com a força de um corpo sadio; blasonava dos fracos e doentes na orgulhosa comparação, mas agora esbarra com a Porta Estreita, através da qual somente um ou outro dos que a ela chegam, pode passar. Ante esse obstáculo desconhecido, sente-se então infeliz, desarmado, não sabendo como agir, a quem se dirigir, por não possuir os conhecimentos espirituais anteriormente desprezados; e só então compreende que o que deve ser feito é o que já devia ter sido feito antes, ao contrário de tudo o que fez; para essa compreensão, aliás, para esse esforço espiritual é que o homem nasce, vive e morre na carne.

Pela Porta Larga do mundo material tudo passa facilmente, porque os valores com os quais se joga são os próprios do homem inferior, animalizado, para o qual o mundo material é o ambiente afim, adequado, enquanto que a Porta Estreita é passagem somente reservada aos que venceram as inferioridades, renunciaram aos bens perecíveis e lutaram pela conquista das virtudes evangélicas; desprenderam-se do mundo, desenvolveram os sentimentos de fraternidade e deram na carne, o testemunho do amor dos céus, servindo ao próximo. A evangelização é a única chave que abre essa Porta Estreita, a que Jesus se referiu nas suas pregações. Quem passa por ela devassa horizontes novos, mais amplos, do mundo espiritual; liberta-se dos planos inferiores, entra no caminho do Reino, que a luz do Evangelho alumia e prossegue com mais confiança e esperança.

Por isso é que Jesus disse que poucos são os que passam por ela; mas há nas rotas do Espírito e na vida de cada dia uma sucessão de portas estreitas que todas devem ser transpostas, gradativamente, antes que possa o Viageiro do Infinito, atingir as esferas resplandecentes dos mundos superiores.

Os Espíritos encarnados que têm tarefas e responsabilidades nos setores do esclarecimento e de ajuda e que hajam desenvolvido, até determinado ponto, sua sensibilidade, cooperando na vivência da vida de seus semelhantes, esses sofrem pela incompreensão dos mortos que estão vivos e dos vivos que estão mortos, e percebem facilmente que o dever mais importante e mais útil, no campo dessa colaboração piedosa, seria ensinar os meios de evitar as causas dos sofrimentos ao invés de, simplesmente, lamentar os seus efeitos, isto é, esclarecer, para evitar novos erros e ajudar para facilitar o ressarcimento dos erros do passado.

Mas, com o tempo, quando se cansam e anseiam pelo repouso justo, acabam por verificar que, também é um erro tal desejo, porque desconhecem a extensão de suas próprias dívidas, que devem ser pagas até o último ceitil, pelo amor ou pela dor e não há meio algum de se isentarem, até que compreendam que mais doces serão os frutos do descanso quando o cálice foi esgotado, os deveres de cooperação todos cumpridos, sem limitações, na renúncia de si mesmos, pelo bem do próximo e acima de qualquer outra consideração.

Porque em nosso mundo, vida é sofrimento e trabalho; e colaboração sem renúncias e sacrifícios, é oportunidade somente em parte aproveitada. Para essa colaboração a única medida justa é o desprezo do tempo e o desprendimento das enganosas atrações do mundo material.

10
Enquanto é Tempo

Meditando sobre os horrores por que passam os Espíritos atrasados ou empedernidos no erro, após o desencarne, compreendemos a necessidade imperiosa e urgente de nos redimirmos pelo Evangelho.

Uns dizem: "nós cremos em Deus e isso basta". Outros afirmam: "Jesus não morreu na cruz por nós? Os que crerem n'Ele não se salvam? Nós cremos." E muitos, milhares deles, estão seguros da suposta salvação, porque seguem os ritos, cumprem os mandamentos das igrejas e dos templos. E livros religiosos e filosóficos são lidos por milhões e uma infinidade de cultos existem por toda parte, com rituais mais ou menos convidativos e atraentes.

E todos estão convencidos de que, após a morte, gozarão de situações favoráveis e, até mesmo, privilegiadas, no Plano Espiritual.

E quanto aos espíritas também isso acontece. Pois não seguem os preceitos? Não dão esmolas? Não frequentam sessões e não ouvem conferências doutrinárias frequentemente? E não queimam os olhos na leitura de livros esclarecedores?

Mas a todos a Lei pergunta: reformaram-se, eliminando os vícios, defeitos e erros? Serviram ao próximo nas suas necessidades, sem ostentação? Transformaram-se no **homem novo** ao qual o Evangelho se refere? Não era esta, porventura, a finalidade da reencarnação atual?

Se a resposta for negativa ou aleatória, vem então a pergunta final: que fizeram, pois, de definitivo? No que empregaram seu tempo, de forma realmente proveitosa, no sentido da fraternização universal?

Poucos podem responder sem vacilações, defrontados dum lado pela enorme responsabilidade e d'outro pela própria fraqueza humana.

Os ricos que entesouraram, presos de uma ambição desmedida.

Os que exploraram a miséria e a fome aumentando as necessidades de milhares de irmãos.

Os que fabricaram armas para os morticínios.

Os que viveram do sofrimento alheio, dificultando o atendimento médico e os remédios para os doentes.

E os poderosos que se julgaram privilegiados e donos do mundo e se devotaram ao engrandecimento próprio, desprezando os infelizes, os humildes e os desvalidos.

Que respostas podem estes dar?

Para estes como será depois?

O Espiritismo dá a resposta com as palavras de Jesus, quando disse: "a cada um será dado segundo suas obras", e esclarece: "O que se semeia é o que se colhe."

Tiago também responde dizendo: "A fé sem obras é morta."

E adverte sobre a Justiça de Deus, que é incorruptível; não se vende, não se engana, é a única infalível e verdadeiramente justa; e por esta é que seremos todos julgados.

11
Escolhos da Mediunidade

É comum ver-se como os médiuns novos se aplicam ao trabalho de forma exemplar; vigiam-se, esforçam-se por melhorar, são assíduos dia após dia, aperfeiçoando-se no desenvolvimento e obedecendo rigorosamente a orientação dos instrutores! E como são escrupulosos e honestos em receber e transmitir o que lhes vem do Plano Espiritual! Por isso são amplamente ajudados e, em pouco tempo, atingem pontos altos na cooperação, tornando-se aptos até mesmo a atividades individuais independentes.

Porém, atingido esse ponto, defrontam-se eles com uma encruzilhada quanto à conduta: firmarem-se nas bases do aprendizado anterior, perseverando no trabalho que tem sido, até ali, construtivo (quando bem entendido, os instrutores foram competentes), ou aventurarem-se no campo vasto e, muitas vezes, enganoso das teorizações, das novidades experimentais ou, noutro sentido, das superstições, empirismos e misticismos tão generalizados, de que os adeptos devem libertar-se.

Nestes casos a conduta certa seria: se o aprendizado conduziu a resultados bons; se forneceu alicerces seguros e rumos bem definidos, fechar então os ouvidos e os olhos às tentações. Mas, como não devem cair em rotina estagnadora, que foge ao progresso e impede o natural desenvolvimento das atividades, em caso de dúvidas, devem olhar bem, examinar tudo com cuidado, medir as consequências e só então aventurar os primeiros passos nos caminhos novos.

Muitos médiuns, julgando-se já emancipados e auto-suficientes, deixam de estudar, cristalizam-se no que já sabem, afundam-se no personalismo, desviam-se das bases iniciais, menosprezando-as; desgastam-se rapidamente na produção de trabalhos inúteis, cedendo à vaidade e, muitas vezes, sem o perceberem, caem no domínio dos Espíritos ignorantes ou maldosos, fechando assim as portas a um progresso que lhes seria acessível em outras condições.

Sejam porém quais forem as condições de trabalho, há recomendações e cuidados que convêm ter em vista, por exemplo: neguem-se à exibição de suas faculdades, para atendimento de pedidos de pessoas simplesmente curiosas ou mal intencionadas; nestes casos as faculdades podem ser facilmente neutralizadas por vibrações negativas, sobretudo as de vidência, porque as ondulações cerebrais de pessoas incrédulas, desafetas ou interessadas, nos dois planos, em provocar fracassos, borram os quadros e as imagens; cerram o campo do trabalho, cortam os fios de ligação com o exterior, etc. e prejudicam o médium na sua reputação e a Doutrina, na sua difusão.

Não se ofereçam, não se apressurem em aceitar desafios, ou oferecer provas de suas faculdades. Não trabalhem em qualquer ambiente, sob a direção de qualquer dirigente; não se apressem em penetrar nas auras ou nos pensamentos de outrem, sem motivos justificáveis; testem de vez em quando os resultados do seu trabalho, não por vanglória mas quando suspeitarem que pode ter más consequências em qualquer sentido; tudo isso para que possam ter certeza de que sua cooperação é produtiva e benéfica para todos.

A transgressão dessas regras, na prática, traz sempre o enfraquecimento das faculdades, sua degeneração e considerável dano à tarefa encarnativa.

A tarefa mediúnica, sempre suscetível de desenvolvimento e aprimoramento, impõe ao médium uma atividade correta e eficiente, em todos os sentidos, para que ele seja, realmente, um sustentáculo vivo da verdade e não um farol bruxuleante, que mal alumia, presa fácil dos enganos do mundo, ou dos ataques das forças das trevas sempre presentes.

O Cristianismo, como outras doutrinas, teve base nas palavras do Divino Mestre e, após Ele, na revelação mediúnica, como continuação daqueles ensinamentos redentores. Esta é a realidade que o Pentecostes simboliza e que deve ser mantida em sua elevada significação e poder. Por isso, o trabalho mediúnico, como instrumento da continuidade dessa revelação, deve ser o melhor possível, muito além daquilo que os médiuns normalmente produzem. O trabalho mediúnico, comumente superestimado, está muito aquém das necessidades imensas do momento que vivemos.

Doutra parte, a mediunidade não comporta inatividade, salvo em casos especiais, justificáveis. Inúmeros são os que permanecem inativos, antes mesmo de iniciarem a tarefa santificante; outros abandonam-na em meio porque ela traz desconforto, rouba tempo às atividades comuns da vida social ou doméstica; outros por exigências de família e outros, ainda, por desgaste da suposta fé inicial, porque o médium esperava mudanças favoráveis da vida e sucedeu o contrário, etc.

E daí, então, as seguintes perguntas:

1) Pensará o médium que a mediunidade lhe veio como uma homenagem pessoal aos seus méritos, para que dela fizesse o uso que melhor lhe conviesse? Esquece que a mediunidade de prova é ajuda divina concedida a faltosos e imperfeitos, para que se reajustem?
2) Pensará porventura que o médium inativo pode ser considerado realmente médium? Do ponto de vista da execução de tarefa, não o

pode, porque **médium** — **intermediário** — é aquele que, agindo como tal, coloca-se à disposição dos Espíritos do Bem, ao serviço da revelação e da propagação da Verdade no mundo; inativo o médium nada transmite, deixa de ser intermediário, porque a fonte seca e os Espíritos do Bem se afastam. Isso, entretanto, não quer dizer que ele não possa, em qualquer tempo, sobrepondo-se às dificuldades e impedimentos, retomar a cruz do sacrifício, da testemunhação do Evangelho, que é o padrão moral do seu trabalho, a meta final do seu esforço.

Por isso é que propusemos a expressão "mediunidade-tarefa" para distinguir os médiuns que oferecem faculdades que podem ser desenvolvidas e utilizadas com proveito no campo do trabalho coletivo.

12

"Espiritismo de Mesa"?

Essa expressão, um tanto pitoresca, era, até há pouco tempo, uma espécie de característica doutrinária espírita.

Todo indivíduo sensível, perturbado, que ouvia sons, via coisas, ou procedia de forma inabitual, fosse lá pelo que fosse, era tachado de médium, missionário e devia **sentar-se à mesa**, para se desenvolver.

Essa expressão também se confundia com esta outra — **mesa branca** — corrente nos terreiros, para designar trabalhos de Espiritismo o que, aliás, até hoje sucede.

Como o Espiritismo começou com comunicações, por sinais e pancadas, batidas por mesinhas de três pés e, em torno delas, sentavam-se aqueles que desejavam, até mesmo por brincadeira ou mera curiosidade, provocar manifestações de desencarnados, pegou o hábito de chamar **trabalhos de mesa** aos trabalhos espíritas.

E esse hábito de **sentar-se às mesas** existiu até uns quarenta anos atrás, nas casas espíritas e nos agrupamentos familiares, com esse caráter de obrigatoriedade, como se todos os trabalhos espíritas dependessem disso.

Depois que se organizou a Federação Espírita de São Paulo, abrindo portas, popularizando a Doutrina, criando cursos e escolas e imprimindo a estas rumos práticos, mais perfeitos e adequados, o vulto da assistência aos trabalhos em geral, obrigou a desdobramentos inúmeros; e a existência de mesas ficou sendo questão secundária, realizando-se as sessões com os participantes, médiuns ou não, sentados em cadeiras colocadas em quaisquer lugares, ao redor de mesas ou não, segundo as conveniências; e até mesmo os trabalhos de escrita mediúnica, quando necessário, eram feitos fora das mesas.

Nota: — É evidente que as mesas são úteis nas sessões domésticas e particulares e mesmo de Centros Espíritas de pequeno porte, principalmente quando ao seu redor sentam-se os frequentadores e visitantes, que sobre ela descansam os braços, colocam livros, papéis e objetos ligados ao trabalho como, por exemplo, os vasos para fluidificação de água. Referíamo-nos unicamente ao hábito generalizado, quando se torna exigência doutrinária ou preconceito.

13
Governos Humanos

Na divina criação, eternamente exuberante, impera o princípio da diversidade na unidade; diversidade nas partes, unidade no todo.

Essa regra vige para os graus inferiores e médios da evolução.

Essa criação multiforme é diversificada nos aspectos, nos limites, nas individualizações, nos desenvolvimentos; porém uniforme nos princípios, nas leis, na essência, nas origens e nos fins.

Nada nessa maravilhosa criação é comum, global; tudo vive sua própria vida, por si mesmo, seguindo rumos próprios com nivelamentos periódicos, sempre visando progressivas ascensões.

Essa diversidade, aliás, é que permite a manifestação ampla, a expansão livre de todos os seres, cada um segundo sua peculiar natureza e destinação.

O atraso em que se encontra a humanidade terrestre não comporta a existência de uma vida social aperfeiçoada; e como, por isso, torna-se irrealizável a comunidade social evangélica, nem mesmo no entendimento pessoal, enquanto não houver despertamento das consciências humanas para essa necessidade vital, não se pode adotar ideologias políticas comunitárias definitivas como estão sendo tentadas no mundo, visto representarem uma expressão enganosa na vida da humanidade terrena.

Vida em comum somente é possível em mundos mais adiantados, onde não prevalecem os interesses, as imperfeições e as paixões inferiores do homem encarnado, ainda muito próximo, na Terra, da animalidade ancestral.

A história mostra como esse sistema foi tentado algumas vezes em épocas diferentes, falhando sempre.

Vamos ouvir sobre isso a opinião abalizada de Emmanuel, o mentor espiritual tão querido e admirado em nosso País.

Diz ele em sua obra "O Consolador": "A desigualdade social é o mais elevado testemunho da verdade da reencarnação, mediante a qual cada Espírito tem sua posição definida de regeneração e resgate."

Sobre o igualamento social ele diz: "A concepção igualitária absoluta é um erro grave dos sociólogos em qualquer departamento da vida. A tirania política poderá tentar uma imposição nesse sentido, mas não passará das espectaculosas uniformizações simbólicas para efeitos exteriores, porquanto, o verdadeiro valor de um homem está no seu íntimo, onde cada Espírito tem sua posição definida pelo seu próprio esforço."

Sobre as questões que agitam o proletariado ele esclarece: "Os homens poderão resolver sem atritos as chamadas questões proletárias, quando se decidirem a aceitar e aplicar os princípios sagrados do Evangelho, tanto patrões como operários".

"Os regulamentos apaixonados, as greves, os decretos unilaterais, as ideologias revolucionárias, são cataplasmas inexpressivos, complicando a chaga da coletividade."

O Espiritismo é Evangelho, é Cristianismo não teórico ou convencional, mas militante, no entendimento e na exemplificação. Por isso combate o egoísmo, o isolamento; prega a fraternidade, a cooperação consciente e espontânea. Mas não aconselha o nivelamento no sentido de igualamento de classes e de seres, por ser contrário à lei da evolução nos seus degraus inferiores e médios.

Sendo os homens "espíritos", devem viver de acordo com as leis do Espírito, que invariavelmente levam para o desapego desapaixonado, porém sensato, das coisas do mundo, e para a glorificação das coisas de Deus.

O combate ao instinto religioso que faz parte do programa ideológico revolucionário de seitas políticas radicais, é esforço antinatural e conduz à impiedade; fazendo o homem degenerar, reanimalizar-se, voltar à barbárie, contrariando, portanto, a própria evolução.

14
A Vontade

A vontade disciplinada, quando apoiada em um motivo justo, ou na consecução de um ideal, é poderosa arma de sucesso.

A regra é: meditar e decidir sobre o que se quer; fixar bem o alvo a atingir e passar a agir com confiança e firmeza, aguardando depois, pacientemente, os resultados e dando tempo a que os esforços frutifiquem.

Quando o Espírito decide, os pensamentos devem ser sempre positivos, construtivos, otimistas, porque o temor ou a dúvida, atraem forças negativas que acarretam fracassos.

Após a decisão, **o estado de aspiração constante** é uma tremenda força em ação, que abre caminhos e atinge o alvo, quando o que se quer é justo e não colide com o programa encarnativo.

Em todos os empreendimentos e na rotina da própria vida, é acertado ver tudo sempre pelo lado bom; por pior que seja, em tudo há sempre um lado melhor, ou um lado bom. O lado negativo sempre atrai o mal, seja na forma de pensamentos, fluidos, entidades invisíveis e elementos outros indesejáveis, impróprios à alma, destruidores da vida.

Onde quer que esteja, o homem espiritualizado deve sempre ser fator de confiança, de conforto moral, de esperança e de harmonia, porque em si mesmo deve possuir estes atributos; e o que se dá é sempre o que se tem...

Quando ora, ele pede sempre em benefício de seus semelhantes, esquecendo-se de si mesmo e dinamiza a prece, para que ela não seja um ato simplesmente mecânico, mas, realmente, um fator poderoso de auxílio e de realizações benéficas.

Bons pensamentos, frutos de bons sentimentos, resultam sempre em atos perfeitos, em vida útil e, consequentemente, em progresso espiritual, alma limpa, encarnação bem aproveitada.

Deve-se educar a vontade e o pensamento, para que nunca se maldiga do que aparentemente suceder de mau, porque não há acaso e o Plano Espiritual pelos seus agentes é o que melhor sabe o que mais convém a cada um de nós, porque conhece o passado, o programa encarnativo e os limites das provações de cada um.

É bom ter em vista que o que ocorre, vindo de fora, sem interferência nossa e permanece, é sempre a Lei, necessária e justa em ação.

E o tempo passando, mostrará isso.

15
A Mediunidade Curadora

Neste surto mediúnico dos nossos tempos, os trabalhos de cura ocuparão destacado lugar; as operações mediúnicas, ainda restringidas às atividades de um ou outro médium, generalizar-se-ão e oferecerão surpresas ou contrariedades a muitos que nelas não crêem, ou têm interesse em diminuir-lhes a importância ou autenticidade.

As operações e as curas espirituais, filiam-se aos dois setores doutrinários, religioso e científico; não derrogam conquistas, escolas, conceituações já firmadas pela medicina oficial mas, simplesmente, avançam conhecimentos, campos novos de indagações e experimentos; simplesmente, mostram outros caminhos a considerar, outros métodos a adotar, para a recuperação anatômica ou fisiológica do organismo humano.

Os processos espirituais de cura não são ainda aceitos, nem mesmo compreendidos pela maioria dos médicos, porque estes restringem-se ao campo material (pois que foi isso o que aprenderam); regem-se por doutrinas rigidamente ortodoxas e se deixam influenciar por preconceitos e éticas muito arraigados, não levando em conta os aspectos e as condições espirituais do ser humano, cuja fundamental importância menosprezam; e a psiquiatria, ainda experimental, não procede melhor e insiste em considerar o corpo físico como a origem dos males e da vida.

Assim como sucedeu com Freud, os médicos de hoje, não penetrando no âmago do problema, recusando o **fator espírito**, que é o elemento que aciona o organismo e o dirige através da mente (elemento intermediário entre o espírito e o corpo físico e que se localiza no perispírito, envoltório fluídico do espírito), perdem tempo e desprezam um fator fundamental para o sucesso integral da sua profissão.

Esses processos espirituais de cura que passam hoje por amplos desdobramentos não são, como se sabe, privilégio de médiuns ou de determinadas pessoas; vivemos um período evolutivo em que os valores espirituais se selecionam, se apuram, e o surto da mediunidade tende a alastrar-se, mormente no Brasil, onde os fenômenos desta espécie se generalizarão, como advertências e como demonstrações irrefutáveis das verdades espirituais que a Doutrina dos Espíritos veio ajudar a difundir e comprovar, neste fim de ciclo evolutivo planetário.

Porque o destino do mundo não pode mais continuar a depender da inferioridade ou das negligências humanas, face às leis de Deus, sábias e justas.

16
Nos Reinos da Natureza

Há linhagens fixas para as formas de todos os seres da Criação neste planeta. Peixe não passa de peixe; réptil evolui sempre como réptil e, em todas as classes e famílias, a evolução se processa de um ponto mais baixo para um outro mais alto. Não há saltos na escala evolutiva.

Os seres evoluem em uma classe até atingir seus pontos mais altos. A partir desse ponto a evolução prossegue, prolongando-se em raça e linhagem sequente, e os seres se projetam em outra classe ou família, em continuação e em forma mais aperfeiçoada.

Por exemplo, no reino animal, na classe dos símios, a mônada[5] evolui até o ponto máximo dessa linhagem e daí se projeta, em continuação, no reino humano, em seus tipos primários. Não foi o macaco que se tornou homem, nem descende o homem do macaco, foi o próprio ser que no processo de sua evolução progressiva, passou de um reino para outro mais aperfeiçoado, adquirindo nova forma e novas condições de vida, material e psíquica.

Dentro de cada linhagem ou classe, a mônada involuída encontra ambiente próprio à sua evolução progressiva através dos Reinos da Natureza — do verme, ao homem altamente intelectualizado.

No mineral desenvolve sensações que se ampliam e se aperfeiçoam no vegetal; no animal desenvolve o instinto, que no reino humano, se transforma em inteligência acrescida da razão, consciência, livre-arbítrio e outros atributos preciosos.

Nos dois primeiros reinos citados, a saber: no mineral e no vegetal, a vida é inconsciente; no animal é semiconsciente, mas no humano, há plena consciência com o aparelhamento adequado do conjunto psíquico a uma evolução mais alta.

Em todos os passos o que se vê é sempre o desabrochar, o desenvolvimento e o aprimoramento da sensibilidade, da inteligência e do sentimento, isto é, a exteriorização lenta e progressiva da centelha divina, sepultada no princípio nas formas grosseiras da matéria densa, mas possuindo em si mesma, em potencial, todas as possibilidades evolutivas, porque proveio da Divindade Criadora.

---

[5] No capítulo "Síntese" e seguintes do livro *Iniciação Espírita*, do mesmo autor, há uma exposição sobre o assunto. (Nota da Editora)

17

Cerimônias Espíritas

Os espíritas em geral sabem que a Doutrina não possui nem recomenda cerimônias de culto externo, não tem rituais.

Entretanto, como é também professada, em grande parte, em nosso País pelo menos, por pessoas das classes mais humildes e menos cultas, enveredam estas, muitas vezes, por caminhos não recomendáveis.

E como a tendência geral é para preferir coisas utilitárias e objetivas que impressionem os sentidos e satisfaçam necessidades e desejos, as cerimônias vão sendo introduzidas lentamente nos agrupamentos familiares e nos Centros que se conservam afastados e alheios à orientação fornecida pelas entidades orientadoras.

Assim, vão se processando casamentos, batizados, e outras cerimônias menos solenes e ruidosas. E quando alguém reclama dizendo que o Espiritismo não adota tais coisas, respondem que as cerimônias não são materiais; não são sacramentos ou ritos religiosos, mas simples bênçãos ou gestos de solidariedade de protetores espirituais.

Muitos confrades julgam que, por exemplo, no casamento, não é suficiente o ato formalístico e frio dos cartórios, sendo necessário o complemento afetivo e místico da cerimônia espiritual.

Se dissermos que tal coisa é dispensável, não se convencem e discordam passando, muitos deles, a formar uma ideia falsa do Espiritismo, julgando-o uma doutrina fria, incompleta, que não satisfaz as necessidades da vida familiar e social dos adeptos, não traz conforto ao sentimentalismo doméstico, nem colabora nos momentos e atos mais significativos e íntimos do instituto familiar.

De nossa parte achamos natural que assim pensem, porque não estão ainda em condições de professar cultos interiores; fazer preces sem ter ante os olhos a representação objetiva das entidades espirituais às quais se dirigem; concentrarem-se para uma entidade invisível, da qual não têm visão direta.

Não é isso, também, o que ocorre com religiões dogmáticas ou cultos espirituais populares?

Se a esses confrades dissermos que os Espíritos estão sempre presentes, ajudando, orientando, esclarecendo, respondem que não são médiuns, mas acreditam na presença dos Espíritos e por isso, justamente, é que fazem as cerimônias.

E se defrontam com aqueles que pregam a predominância do caráter científico da Doutrina e ouvem deles que o Espiritismo não é uma religião, mas uma ciência ou filosofia de consequências religiosas, não compreendem, não aceitam e julgam haver somente um jogo de palavras...

Nestes casos é sempre preferível dizer que o Espiritismo é uma religião diferente das outras conhecidas e que se coloca acima das formalidades e das exterioridades; uma religião do mais íntimo da alma, que exige dos adeptos um esforço muito grande de transformação própria, de reforma íntima, para que se purifiquem e progridam, espiritualizando-se; isso entendem e respondem saber que o Espiritismo é a revivescência do Cristianismo de Jesus.

As reuniões não precisam de aparatos exteriores, porque visam instruir e exercitar os adeptos nas práticas evangélicas e nas luzes do conhecimento. Tudo o que pode ajudar a aperfeiçoar o Espírito pode ser adotado, praticado mas, para isso, não são necessárias vestimentas, cerimônias, representações ou arranjos exteriores.

Dito isso é de crer que tudo fique esclarecido.

Entretanto, atendendo a estas circunstâncias de incompreensão e às limitações dos iniciantes, nada impede que nos casamentos se realizem comemorações de fundo doutrinário, durante as quais se farão preces e vibrações em comum, formulando-se votos de ventura para os recém-casados; e também nada impede que os Espíritos desencarnados, familiares ou protetores, utilizando-se de médiuns presentes, compartilhem, embora discretamente, do júbilo familiar, manifestando seus sentimentos de fraternidade e seus votos de solidariedade, o que, aliás, sempre fazem, porque a comunhão entre os Planos deve ser efetivada.

Tudo isso pode-se fazer para **comemorar** o matrimônio, mas não para **realizar** o matrimônio, porque este só se torna efetivo ante as autoridades públicas, e, mais particularmente, segundo os vínculos do coração.

Quanto aos batizados, o problema é um tanto mais delicado, porque o batismo não é reconhecido pelo Espiritismo como elemento auxiliar de redenção, como ocorre com o casamento. É cerimônia adotada por algumas religiões, como ato simbólico de purificação do Espírito nascituro, face as transgressões cometidas no passado por seus ancestrais. O Espiritismo ensina que é cerimônia puramente simbólica, sem efeito algum moral ou utilidade alguma espiritual na vida do adepto, porque o que purifica são os trabalhos, os sofrimentos, os testemunhos dados durante as reencarnações sucessivas pelo reencarnante e não por outras pessoas e que as transgressões (pecados), que no passado se deram, são de autoria do próprio autor e não do reencarnante, que não é responsável por transgressões de antepassados, conquanto algumas vezes e de certa forma o sejam, quando eles mesmos tenham sido os antepassados faltosos.

O batismo de água era um rito essênio que o Precursor, como essênio, praticava para preparar pelo arrependimento e selecionar elementos humanos capazes de aceitar a Jesus, como redentor da humanidade e não somente como um messias particular dos hebreus.

Ele dizia que batizava com água para que todos se arrependessem e merecessem o Reino dos Céus, que seria trazido por Aquele que vinha após ele e que daria o batismo definitivo do fogo do espírito, que separaria o joio do trigo e queimaria as impurezas.

Esse o simbolismo que o Espiritismo pode admitir, a saber: o batismo do fogo do espírito na reencarnação que leva:

1º) às transformações morais exigidas pelo Evangelho; e

2º) à mediunidade, quando o adepto traz esse compromisso de trabalho ao reencarnar.

Pode-se, entretanto, compreender uma reunião comemorativa do nascimento, formulando-se votos para que o Espírito que chega, tenha êxito na luta que vai encetar, pedindo para ele a proteção de amigos espirituais, pedidos estes que são novos vínculos de amor que se formam e de amparo, para que não fracasse na sua presente jornada encarnativa.

Como a reencarnação é uma oportunidade feliz que se oferece aos que dela necessitam, pode-se comemorar o acontecimento, mas não batizar o Espírito; oferecer-lhe ajuda fraterna para que resgate suas dívidas do passado, mas não **batizá-lo para que fique livre delas**.

E nos desencarnes, finalmente, pode-se também compreender as comemorações e preces, íntimas e discretas, congratulando-se com o Espírito que se foi (se houve êxito na luta que terminou, se sua vida foi útil no plano coletivo humano), ou de simples solidariedade e caridade espiritual, oferecendo-lhe ajuda de que carece para enfrentar as esferas espirituais menos felizes, se tal mérito não teve.

Ao tratar com o povo humilde é preciso ter sempre em vista o seguinte: o Espiritismo não veio para alguns, mas para todos; a tolerância é a forma primária de amor universal, que deve ser manifestada por todos nós, nos mundos inferiores em que vivemos. Jesus compartilhou de cerimônias familiares, de comemorações, junto ao povo humilde; e o próprio insigne Codificador, Kardec, também o fez e recebe constantes comemorações de todos nós, por serem justas. O Espiritismo é doutrina racional, que rejeita superstições, exclusividades, intolerâncias e ortodoxias de fanatismo; abre suas portas acolhedoras a todos, por mais ignorantes ou miseráveis que sejam, pois que foi com estes que Jesus conviveu e rodeado destes é que deu seu testemunho na cruz, porque são esses os mais necessitados de esclarecimentos e de amor; e se quisermos chegar junto aos seus corações devemos demonstrar também simplicidade, e falar linguagem que eles entendam.

18

Conselhos aos Médiuns - I

Os médiuns, meditando, verificarão que a chama purificadora da mediunidade é **amor** e **serviço**; **amor** não confundível com sentimentalismo inócuo; e **serviço** a ser dado com sacrifício de si próprios, com desprendimento, sem nada exigir em troca.

Compreenderão também a necessidade de estudar e aperfeiçoar continuamente as faculdades que possuírem, no escopo de ampliar suas possibilidades e seu campo de ação, para servir melhor, dum lado ao Plano Espiritual, como instrumentos que deste são e, doutro, aos necessitados do nosso plano, no esclarecimento e nos atendimentos de que necessitam.

Devem exercitar continuamente a capacidade de doação de fluidos curadores, para a testemunhação indispensável, com devotamento e humildade, no campo do Consolador; e cumprir rigorosamente o que o Evangelho determina, nas relações com o mundo e com o próximo, para que aperfeiçoem virtudes cristãs e méritos verdadeiros porque, neste setor, são inúmeras as oportunidades de trabalho altamente desinteressado.

Manter em alto nível o padrão vibratório, para poderem oferecer aos benfeitores espirituais possibilidades sempre crescentes e aperfeiçoadas de cooperação.

Não se recusarem aos atendimentos, sempre que possível e realizarem-no sem restrições, tolerando sempre e nada exigindo, porque assim como recebem, assim devem dar o amor sem medida; ele é como o sol que beneficia a todos, aquecendo e iluminando, porque é a essência de Deus em nós.

19

Conselhos aos Médiuns - II

A penetração na faixa de trabalho de companheiros, por inadvertência, exibição de poderes ou simplesmente por ignorância, é altamente desaconselhável, porque confunde, dá desconforto, inquietação e cria ressentimentos.

A capacidade de penetração, nas auras ou nas mentes alheias, obriga os médiuns a uma ação de superior discernimento, compreensão e resguardo, porque as intimidades do coração ou da mente pertencem a cada um, reservadamente, e não devem ser devassadas; somente utilizarão tais possibilidades em trabalhos dirigidos, para beneficiar, ou a pedido de interessados.

No exercício de sua tarefa individual cada trabalhador é cooperador valioso sempre útil, quando a exerce em boas condições de eficiência e discrição, mas nunca quando intervêm nas tarefas alheias, perturbando-as.

20

Conselhos aos Médiuns - III

No exercício das tarefas é necessário que haja ordem e equilíbrio mental. O pensamento é força poderosa, tão atuante como as próprias palavras e com maior potencial de ação que estas, quando utilizado por vontade adestrada.

Em se tratando de trabalhos em conjunto, de intercâmbio com o Plano Espiritual, quando a cada um se atribui determinada tarefa, cada trabalhador recebe a assistência que lhe é devida, segundo a tarefa que deve desempenhar, com humildade, sem querer sobrepor-se aos companheiros. Os médiuns, portanto, devem gozar de uma certa liberdade de ação, para poderem atender aos assistentes espirituais próprios; não devem ficar completamente submissos a regras rígidas, inamovíveis, de métodos ou direções de trabalho mal conduzidos, dos quais participam como colaboradores. Devem, pois, conciliar as exigências dos dois planos e manter o equilíbrio da cooperação, sem recusar-se a nenhuma. Atentos aos dirigentes do nosso plano; atentos aos assistentes espirituais e, ainda, atentos às próprias necessidades dos doentes ou consulentes para que, do ponto de vista espiritual, obtenham o máximo possível de bons resultados.

Devem, entretanto, ter também presente que princípios, métodos e regras, são absolutamente necessários e úteis, seja no período de desenvolvimento, como na fixação de sua conduta, na formação técnica, no treinamento e na produção efetiva.

Somente quando transpuserem a fase da preparação e adquirirem cabedal suficiente de conhecimentos teóricos e práticos e se tornarem aptos a agir por si mesmos, é que poderão lançar-se ao campo da cooperação individual isolada, tendo sempre em vista as regras e as instruções anteriormente recebidas e, principalmente, a autenticidade dos Espíritos comunicantes. É importante essa identificação prévia de protetores, pela sua luz ou vibração, por suas próprias palavras e os efeitos de sua presença, no trabalho individual, para evitar desvios da rota certa e justa, enveredando o médium por caminhos suspeitos e tornando-se agente inocente das forças negativas, altamente capacitadas para essas tarefas destrutivas.

Os médiuns, entre os demais adeptos são, pessoalmente, mais responsáveis, em certo sentido, porque sabem mais, sentem mais, podem mais, recebem mais e têm, por isso, mais contas a prestar, não só de si mesmos, como do uso que fizerem das faculdades próprias ou das que receberam para utilização no serviço do Bem.

Devem precaver-se, sobretudo, dos **crimes contra o Espírito**, que são imperdoáveis, pois que matam nas almas as sementes da fé, desviam-nas dos rumos certos, retardam-lhes a redenção, mormente agora que o tempo é curto.

O médium que comercializa os bens do Espírito; que usa da mediunidade para movimentar forças do mundo inferior, dando oportunidade a que os agentes do mal vicejem na Terra; todos estes prestarão contas pesadas e terão perdido oportunidades felizes de um grande avanço espiritual.

21

As Forças do Mal - I

As forças do Bem são invencíveis e, nos planos superiores, as únicas existentes, mas nos mundos baixos, onde é normal a condição de retardamento do homem na evolução, vicejam largamente as forças do Mal. Nesses mundos são elas fortemente organizadas e o predomínio que exercem advém simplesmente da ignorância e da inferioridade humana, que lhes oferecem amplas possibilidades de manifestação.

Seus agentes vivem conosco aqui na Terra, nas oficinas, escritórios e repartições públicas, onde promovem malefícios; em lugares de diversão, onde certos jogos e disputas esportivas (touradas, lutas, etc.) acirram paixões e instintos. Influem sobre governantes, para que cometam erros, abusem do poder e deflagrem morticínios e guerras; exploram os sentimentos religiosos; fomentam divergências, fanatismos e lutas e penetram na intimidade dos lares, arrastando esposos e filhos à discórdia e animosidades, quase sempre de perniciosas consequências.

Em nosso País, e mais particularmente em relação ao Espiritismo, interferem e muitas vezes com proveito, penetrando nos Centros, instituições e reuniões domésticas, tentando dividir, confundir, desviar de rumo, jogando uns contra os outros, adeptos e dirigentes.

Todos sofrem em menor ou maior escala a ação dos agentes das Trevas, na sua luta insidiosa e repleta de ódio contra a irresistível emancipação intelectual e religiosa da humanidade em crescente ascensão.

22

As Forças do Mal - II

Nos trabalhos de salvamento, organizados nas colônias avançadas do umbral inferior, inúmeros são os servidores abnegados que ali descem constantemente, formando grupos coesos e hábeis, à sua vez mantidos em permanente ligação com organismos de apoio, situados em esferas mais altas.

Como as diferenças vibratórias formam fronteiras intransponíveis, esse trabalho de salvamento é executado por equipes adestradas, que se envolvem em roupagens apropriadas, formadas de vibrações densas, compatíveis com os ambientes em que vão agir.

Nas colônias avançadas de auxílio, os **serviços de escuta**, registram e classificam os apelos, as preces, as exprobrações, todas as manifestações humanas de desespero, desalento ou esperança, das almas submetidas aos terríveis rigores da vida nesses reinos sombrios, onde resgatam débitos pesados, ou para onde são levadas como escravas e que os serviços de salvamento localizam e resgatam; suas equipes heróicas atravessam desertos, penetram em furnas tenebrosas, descem a abismos insondáveis, aventuram-se em pântanos intermináveis e fétidos, no afã generoso e evangélico de ajudar os necessitados de socorro.

Juntos de nós encarnados, aqui na crosta planetária, existem muitos Espíritos das trevas exercendo cargos importantes em vários setores, lutando para tumultuar a vida humana. Basta folhear as páginas da História para verificar a ação desses Espíritos na política, nas forças armadas, nas indústrias, nas corporações religiosas, a cuja frente desencadearam morticínios inacreditáveis, visando hegemonias nacionais ou ideológicas, ou insensatos e mortíferos selecionamentos humanos.

23

AS FORÇAS DO MAL - III

Se conseguir em prazo justo estender suas luzes esclarecedoras e sua benéfica influência religiosa por toda a Terra, imensa será a utilidade e o poder do Espiritismo e muito facilitado será, então, o esforço generoso dos irmãos desencarnados que se dedicam a essa piedosa tarefa de salvação pelo esclarecimento espiritual.

O pouco que faz neste nosso País já é expressivo, representa uma grande arrancada libertadora de consciências e se traduz como benefícios incalculáveis ao povo humilde; e urge que se aumente e amplie nossa cooperação aos programas dos Benfeitores Espirituais, que lutam pela vitória do Evangelho na Terra, para que os altos desígnios do Cristo se cumpram, pelo esclarecimento e encaminhamento do maior número possível de irmãos nossos necessitados de luzes e esperanças.

É também essencial e urgente que, principalmente os médiuns, conheçam bem a Doutrina dos Espíritos, as distorções que se realizam em seu nome, os ataques que sofrem dos agentes das trevas, o imenso campo de ação que lhes está pela frente, a necessidade de esclarecer e encaminhar o maior número possível de irmãos nossos ainda escravos do mal, para que o Evangelho triunfe no mundo e o amor e a paz sejam o galardão da humanidade regenerada que o habitará no futuro milênio.

24

Compromissos

Jesus, além de se oferecer ao mundo em holocausto de redenção, ainda voltou, após a "ressurreição", em corpo espiritual denso, tangível:

1) Para confirmar a promessa feita aos apóstolos de que não os abandonaria e para acrescentar novos ensinamentos aos já anteriormente dados.

2) Para provar que as promessas seriam cumpridas, e que instrutores espirituais desencarnados poderiam vir mais tarde, como ele vinha agora, para continuar, em seu nome, a difusão das verdades espirituais maiores, no mesmo esforço de encaminhamento do mundo para o seu aperfeiçoamento moral.

Por isso, Ele disse aos apóstolos que receberiam **as virtudes do espírito**, para que pudessem dar testemunho d'Ele e propagar seus ensinamentos em Jerusalém, em toda a Judéia e até as extremidades da terra.

E foi isso que os apóstolos fizeram, morrendo, quase todos, no cumprimento das tarefas santificadoras.

A outorga, portanto, que Jesus lhes fez, não foi de posições, grandezas, poderes materiais...

E esse é o espelho em que os médiuns de hoje devem mirar-se para saber que a tarefa mediúnica é sacrifício, renúncia, devotamento e que nisso é que está a sua grandeza espiritual.

25

SERVOS

Nas incertezas dos tempos que vivemos neste mundo e neste País, cuja destinação profética é a de ser a futura Pátria do Evangelho; nestes dias sombrios, cujas perspectivas são de tristezas e miséria, inquietação e temores, a misericórdia de Deus faz-se sempre presente, com recursos imprevistos, mas sempre hábeis, de estímulos e esperança.

São multiformes essas manifestações e muitas delas sobressaem pela amplitude das consequências, pela prontidão dos resultados, pela bondade que encerram, pela emoção que despertam, pelos testemunhos edificantes e pelos ensinamentos que contêm; são chamamentos e advertências para os homens transviados ou recalcitrantes; convites a que procurem o caminho certo da redenção enquanto é tempo.

Dentre esses exemplos que falam por si sós, está a ação dos servos que dedicam suas vidas ao bem do próximo (filiados que sejam ou não a qualquer doutrina ou religião), distribuindo a caridade e o amor, na vivência cristã, aos necessitados, sofredores, doentes e desvalidos de toda espécie.

O Espiritismo, que é a restauração, em **espírito e verdade**, do Cristianismo Primitivo (que se conta do nascimento de Jesus até o século III), nos dias que correm é o canal mais amplo e fecundo pelo qual descem à terra, no desvalimento pessoal, na humildade e na obscuridade do anonimato mediúnico, as dádivas divinas.

Os servidores, ao mesmo tempo que se devotam aos seus semelhantes, ofertando-lhes ajuda e serviço fraterno na maior parte de suas horas de repouso, resgatam suas dívidas do pretérito escrevendo, com letras indeléveis, verdadeiros hinos de dedicação, de desprendimento pessoal, de sacrifício e renúncia consciente a bens e vantagens terrenos, como médiuns, nos labores espíritas.

São amplos e profundos os sulcos que eles abrem na massa escura das tristezas, das misérias e dos sofrimentos na Terra, apontando veredas, resgatando almas para a luz, ofertando consolação e esperanças e vertendo, nos corações aflitos e na consciência dos homens deste século, tão materializados, a certeza estimuladora de uma vida mais feliz amanhã, nos altos cimos luminosos onde o Evangelho de Jesus é lei que santifica a vida e liberta da morte.

Médiuns de todos os países, de todas as regiões da Terra, agem como intérpretes da vontade divina para que, nesta hora temerosa que se aproxima com tanta rapidez, estejam esclarecidos e encaminhados para a redenção, nossos irmãos que ainda se encontram afastados das claridades evangélicas, trabalho esse que deve expandir-se por todo o Planeta, conforme a palavra de Jesus, quando disse: "Que o Evangelho deveria ser levado a todas as partes e que, quando isso acontecesse, então viria o fim."

Perseverem, pois, agora, todos os servos, nesse imenso esforço de esclarecimento, de encaminhamento, de ajuda, sobretudo, neste nosso grandioso País, cuja predestinação há de realizar-se, como foi dito, para que daqui partam, como aliás, já está acontecendo, as luzes da espiritualidade para este mundo sofredor.

26
Origens Espirituais

Pelo que hoje se sabe através da tradição religiosa pré-histórica, as luzes do conhecimento espiritual vieram da Atlântida, traduzidas na época pelo missionário Antúlio, transferindo-se aos demais continentes pelas vias grega, egípcia e hindu, esta a partir da invasão dos Árias, chefiados por Rama.

Outros missionários vieram depois, mas a essência espiritual não mudou.

Não importa que haja religiões e doutrinas eivadas de exterioridades e dogmatismos; são estágios transitórios da marcha evolutiva e representam apenas a incapacidade humana de penetrar no sentido verdadeiro mais profundo dos ensinamentos originais, na essência espiritual deles, permanecendo-lhes na superfície.

Se essa incapacidade favoreceu o materialismo, com o afastamento do homem em relação a Deus, isso em parte concorreu para que a ciência se desenvolvesse mais depressa; mas, como esse desenvolvimento científico encaminhou-se para a negatividade dos valores religiosos autênticos que não foram buscados, tudo resultou no atraso evolutivo do planeta, cujas consequências são de todos conhecidas.

Para impedir a eternização desse materialismo e compensar o desequilíbrio existente, o Plano Superior formulou há mais de um século, a mensagem espiritual que é a Doutrina dos Espíritos, cabendo a Kardec, na França, a sua codificação.

Essas forças de retardamento impediram que os homens fossem esclarecidos no devido sentido e no devido tempo, devendo enfrentar agora, nos últimos dias deste ciclo evolutivo, os selecionamentos necessários à formação da humanidade nova, regenerada e evangelizada, que virá após o transcurso deste milênio atual.

Por isso a base essencial do Espiritismo é o Evangelho de Jesus, conquanto os dois outros aspectos de sua constituição — o científico e o filosófico — possam parecer mais importantes, para os que assim pensam, com base em uma declaração do Codificador dando proeminência ao caráter científico, no que talvez estivesse oferecendo sua interpretação pessoal do problema, ou também como já foi dito, para desviar da doutrina nascente hostilidades que certamente seriam desencadeadas contra ela, o que certamente aconteceria, como aconteceu em várias partes, inclusive em nosso País.

27
POBREZA E RIQUEZA

Do ponto de vista econômico-social há três classes: a dos ricos, a dos remediados e a dos pobres; mas, espiritualmente, prevalecem duas, a saber: a dos desprendidos e a dos ambiciosos, com suas inúmeras ramificações.

O pobre, via de regra, desperdiçou egoisticamente em outras vidas, bens, posições e oportunidades; e o rico desperdiça agora e entesoura, com o mesmo egoísmo; ambos passam pelas mesmas provas e aprendem as mesmas lições, para que possam progredir.

O rico de hoje, materialista, come bem, tem conforto, facilidades de toda espécie, que o dinheiro compra; mas leva a desvantagem das tentações, das preocupações que a riqueza traz, do temor de perder o que possui e do enfado que lhe vem no final, por saturação de tudo, pois tudo para ele perde o valor sobrevindo, então, o tédio mortal; enquanto que o pobre, possuindo somente o indispensável, ou menos que isso, sentindo falta de tudo o quanto ambiciona e inveja nos outros, revolta-se e, muitas vezes, degrada-se, lastimavelmente.

Porque a ambos falta o conhecimento da vida espiritual e do Evangelho, no seu verdadeiro sentido. Ignoram, principalmente, a realidade das vidas sucessivas e das reencarnações, que as religiões dogmáticas ocidentais ensinam a desprezar e até mesmo, a odiar.

Mas, se o rico se esclarecer e se evangelizar, aplicará seus recursos a bem do próximo, distribuindo-os segundo as leis de Deus; sua vida tomará então uma feição nova, novos horizontes se abrirão à sua frente e o ideal de ser útil e fraterno sobrepujará o impulso inferior da ambição e do egoísmo. Se o pobre se evangelizar, conformar-se-á espontaneamente com sua sorte, compreenderá suas provações e terá sua vida engrandecida e dignificada.

Porque pobreza não é opróbrio, nem riqueza é glória. Os bens da vida pertencem todos a Deus, que a todos os distribui, sem medida, mas segundo as conveniências evolutivas de cada um. Todos podem se utilizar desses bens segundo as próprias necessidades, mas não segundo as ambições egoísticas.

É preciso, pois, sopitar revoltas e violências, desejos de riquezas e privilégios inúteis, mas compreender e tolerar, conhecer e respeitar as leis divinas, porque cada um é responsável por suas próprias culpas, recebe segundo suas próprias obras e aprende com as próprias experiências e não com promessas falazes de religiões humanas.

28

Renúncia

Uma das mais seguras garantias de redenção para o gênero humano está na Lei da Reencarnação, que obriga o Espírito a evoluir. Aquele que não o faz por si mesmo, usando do livre-arbítrio, terá de fazê-lo sob o látego dos sofrimentos e dos resgates, nos mundos materiais, por força dessa lei inexorável.

O caminho é longo e o homem demora no mal, porque depois de enrodilhado na sua trama, dificilmente desperta e se liberta; quem deseja o mal viverá nele, unindo-se por afinidade aos seus agentes, porque os semelhantes se atraem.

Há vários fatores que impulsionam para o Bem, mas todos eles estão identificados com o sentido religioso, porque a verdadeira religião é a união das almas em Deus — o Bem supremo. O homem inferior realiza seu culto a Deus, sem devoção ou reverência, por temor; o homem comum, o homem do mundo, o faz para manter aparências sociais, ou visando vantagens e garantias post-mortem; mas a adoração de Deus, pelos homens mais evoluídos, é espiritual, feita de coração puro e de mente aberta e confiante, visando adquirir forças de sustentação na luta pelo Bem.

Para nos purificarmos e realizarmos um culto agradável a Deus, é preciso nos abstermos de fazer preferentemente o que se relaciona a desejos ou interesses humanos materiais, mas vivendo o Evangelho, sem contudo deixar de agir no cumprimento dos deveres comuns materiais, no lar e na sociedade.

É preciso renunciar no sentido verdadeiro, não à prática das boas obras, pois que estas ajudam a evoluir, mas às vantagens decorrentes, a bens transitórios e ao fruto dos atos; estes sempre nos vêm por efeito de leis irrevogáveis, porém não devemos agir visando a sua posse.

Neste mundo baixo certamente que ninguém pode abster-se de toda ação, ou renunciar ao fruto das ações, porque não se pode sair do mundo, caso em que, então, não haveria evolução; mas pode-se viver no mundo com desprendimento, agindo por amor ao dever em si mesmo e não ao fruto das obras porque, no primeiro caso, haverá libertação pelo desprendimento e progresso espiritual, enquanto que, no segundo, maior integração material, estagnação, escravização a impulsos negativos de desejos e ambições retardadoras.

Há, portanto, um meio termo para regular a conduta espiritual, sem prejuízo da firmeza, da fé e do desprendimento que caracterizam o indivíduo evangelizado.

29

SINAIS EVIDENTES

Os surtos de mediunidade, que se tem observado em diferentes épocas, são fenômenos que assinalam períodos delicados e importantes da evolução planetária, quando a interferência dos Espíritos é mais objetiva e evidente.

Este surto que em nossos dias observamos, assinala o fim do atual ciclo e o período delicado de transição, findo o qual, tanto a humanidade da qual fazemos parte, como o próprio orbe, devem atingir estágios mais altos de progresso, passando a Terra a ser um planeta regenerado, habitado por uma humanidade de civilização mais apurada, de vida mais feliz e de compreensão espiritual mais avançada, segundo as leis da evolução.

Aliás, esse período, que culminará em cataclismos e convulsões sociais, políticas, econômicas e telúricas, foi predito rigorosamente pelos profetas hebreus da antiguidade e também por Jesus, nas últimas reuniões que manteve com seus discípulos, antes do desenlace emocionante e doloroso do Gólgota.

O Espiritismo será um agente esclarecedor dessa transformação e foi dado ao mundo, justamente às antevésperas deste período final, trazendo um surto mediúnico autenticado por fenômenos objetivos, por conhecimentos racionais, previsões e outros elementos, que fortemente impressionaram a opinião pública mundial.

Entre outras coisas Jesus disse que nos últimos dias deste ciclo, se os homens não falassem, as pedras falariam (Lc 19:40), querendo dizer que de qualquer forma, o Plano Espiritual traria aos homens deste nosso tempo as advertências, ensinamentos, instruções e provas concretas da existência do Espírito, da imortalidade da alma e das vidas sucessivas, capazes de influir sobre os materialistas, céticos, recalcitrantes, desorientados e sobre os crentes de religiões e cultos exteriores, indicando-lhes a verdadeira conduta a seguir para se redimirem enquanto é tempo, antes que sejam relegados a mundos inferiores, incompatíveis com a humanidade do futuro.

E, desde o advento do Espiritismo, o Plano Espiritual vem falando bem alto por toda parte, através de médiuns, transmitindo ensinamentos preciosos, esclarecendo e conclamando a todos para o indispensável e urgente esforço de auto-evangelização **o mais eficiente e positivo recurso que existe para a redenção**.

30
DURA VERDADE

A tarefa santa de Jesus parece não ter fim... Ele sofreu para descer até nós; sofreu para viver entre nós; sofre até hoje, longe de nós, porque seus ensinamentos redentores se difundem com lentidão lastimável; nem há esperança de que o mundo inteiro os receba de coração aberto, no tempo previsto, porque o problema é sempre o homem, com seus terríveis defeitos e falhas; e poucos ainda são aqueles que cuidam da propagação desses ensinamentos no seu verdadeiro sentido espiritual.

O Evangelho caminha no mundo levado por alguns, mas fica guardado nas estantes, esquecido por milhões.

As forças que atuam no mundo estão sempre nos rodeando, as boas e as más e nós atraímos de preferência as más, porque estas condizem mais facilmente com a nossa formação moral, ainda inferior; não vibramos ainda em tons purificados.

Por isso nos queixamos e pedimos, nas preces, que sejamos acudidos, libertados dessas forças o que, entretanto, dificilmente ou raramente ocorre, porque essas dádivas dos céus não são gratuitas, exigem esforços e méritos e são ainda incompatíveis com a nossa insensibilidade; não encontram ressonância nem estabilidade em nosso íntimo e o auxílio, quando é dado, neutraliza-se logo, pela gama escura e pesada da vibração inferior que nos envolve e que atraímos frequentemente por afinidade.

Terrível sofrimento deve ser este, para o Divino Mestre, de ver como os olhos do mundo continuam fechados para a luz do Seu reino prometido; e surdos seus ouvidos para as santas palavras de Sua boca; homens cegos e surdos que caminham insensatamente por vias escuras, bordejando abismos insondáveis, onde a grande maioria deles se precipitará se não retroceder a tempo, abrindo seus ouvidos para o chamamento generoso: "Vinde a mim, vós que sofreis, porque eu sou o caminho, a verdade e a vida, e ninguém vai ao Pai senão por mim." "Vinde a mim, que meu Jugo é suave e imensos são os benefícios da minha misericordiosa proteção."

Esses brados divinos ecoam sempre, de dia e de noite, vindos dos céus para as sombras da Terra, mas quantos os ouvem?

31
O Sexo

Disse já um renomado autor: "Não há no Além, rellgião alguma fora do amor", e nenhuma deveria haver também na Terra... acrescentamos.

Assim como as mentes se completam entre Espíritos afins, assim também os sexos se completariam, nos impulsos do amor espiritual, se esse ponto de evolução fosse atingido.

O sexo é uma lei universal nos mundos densos e tem aspectos diferentes, nos diferentes planos por onde as almas transitam.

Em nosso mundo o sexo deveria ser encarado como uma doação de amor, de vida, como aconchego recíproco e impulso de fraternidade.

Nas relações usuais de sexo, tanto são naturais, do ponto de vista humano, a reprodução da espécie — que é a sua essencial finalidade — como o exclusivismo de sentimentos de duas almas que se querem egoisticamente, ou pensam que se querem.

Mas, se a finalidade essencial não for respeitada, como em geral não o é — o sexo será somente instinto cego, egoísta e material, paixão violenta da carne, impulso irresistível dos sentidos, próprios dos estágios animalizados.

Mas o Espírito evoluído dirige o sexo, orientando-o para o amor espiritual, que é o único verdadeiro e imperecível.

Nos graus da vida inferior, sexo é a satisfação imperiosa dos desejos animais, enquanto que nos graus superiores, é enlevo espiritual, permuta feliz de sentimentos de amor, que se mesclam, se fundem e se completam na alegria da presença, na vibração da mesma sintonia de paz e harmonia e na fruição das mesmas belezas de cores, de sons e de luzes.

Para chegar a este ponto é preciso que o Espírito supere o amor material, o impulso animal, mas, como esse amor é próprio do mundo em que vivemos, compreende-se que, enquanto aqui estivermos, o que podemos fazer de mais sensato será tentar a contenção e o equilíbrio recíproco desses impulsos em medida judiciosa, pois que essa tentativa nunca pode ser unilateral; realizar, o mais profundamente possível, a evangelização e aguardar os dias felizes de uma vida espiritual mais elevada e perfeita, onde tudo será diferente, vida que certamente atingiremos mais depressa, se para ela nos houvermos preparado convenientemente.

32

Doenças Abençoadas

Os homens, em sua grande maioria, são vítimas de doenças orgânicas ou psíquicas e todos se esforçam por se verem livres delas.

As casas espíritas estão sempre abarrotadas de doentes, a maioria deles pertencentes a outros credos religiosos e que, já havendo esgotado os recursos fornecidos pela medicina, voltam-se para o Espiritismo, como última tentativa de recuperação.

Esses doentes em geral supõem que o Espiritismo faz milagres e produz curas maravilhosas, bastando para isso que se o procure.

Mas a verdade é que, se as moléstias forem passageiras, sararão com cuidados médicos, ou até com chás caseiros; mas, em se tratando de moléstias cármicas, isto é, provações de resgate, para pagamento de dívidas do pretérito, tornam-se necessárias ao reequilíbrio espiritual do doente e, nestes casos, nem os cuidados da ciência médica, nem os tratamentos espirituais, ou qualquer outro recurso, podem alterar fundamentalmente a situação (salvo casos excepcionais, quando ocorrem) e a moléstia seguirá seu curso; e tudo quanto se fizer em qualquer setor, será mero paliativo, visando unicamente alívios passageiros e consolações no campo moral.

Nestes casos cármicos os Espíritos responsáveis não poderão intervir, eliminando o motivo que impede a recuperação espiritual do doente, para não prejudicá-lo ao invés de ajudá-lo.

Meditem os doentes sobre o fato de que a ocorrência de moléstias sérias ou rebeldes é sinal certo de que estão sendo impulsionados para a libertação, transpondo obstáculos no caminho do seu aperfeiçoamento. Aceitem, pois, a situação sem blasfêmias ou revoltas, porque chegou a hora da luta para a melhoria espiritual, que lhes facultará uma vida mais feliz no futuro.

Auxiliem o processo, cuidando do corpo, que é o veículo precioso da recuperação; lutem pela sua conservação; procurem médicos, submetam-se pacientemente aos tratamentos indicados (quando criteriosos e competentes) porque tal é o seu dever, o seu próprio interesse futuro, mas não se torturem em busca de um restabelecimento que nem sempre se pode dar, nem convém que seja dado; e não procedam como aqueles que julgam a moléstia uma infelicidade, um mal irremediável, uma desgraça.

A provação, desde que suportada com paciência e humildade, redime o Espírito para o gozo de uma vida melhor em mundos mais felizes.

Considere o sofredor, como é imensa a bondade de Deus que, conhecendo a nossa fraqueza, nos permite sempre assistência e consolação espirituais atentas e carinhosas, por parte de amigos desencarnados, sobretudo nas moléstias de curso lento ou doloroso, que resgatam transgressões graves do passado culposo.

33

A Significação do Tabor

Jesus, como amiúde repetia, não viera para destruir, mas para confirmar a Lei e os Profetas e, no monte Tabor, aparecendo a alguns de seus discípulos, junto a Moisés e Elias, chamava a atenção para a continuidade e a progressividade da revelação espiritual.

Se não fosse para isso, por que teria aparecido daquela forma?

Em Moisés mostrava o passado porque, como outros que vieram antes d'Ele, Moisés era um missionário divino e nele Jesus prestigiava e confirmava a Lei configurada no Decálogo, entregue ao mundo por suas mãos no Sinai.

Em Elias, ao mesmo tempo em que prestigiava os Profetas — e Elias fora um deles — mostrava a projeção pessoal do passado no presente, pela "ressurreição", porque João Batista, seu precursor no presente, era a reencarnação do profeta Elias do passado.

E, quanto a Si mesmo, como Messias, Ele era o futuro, o elo mais poderoso e vivo da corrente interminável dos eventos cósmicos, porque trazia uma revelação mais alta e mais universal e porque mostrava o caminho mais certo e seguro para a conquista do Eterno Reino, na sua expressão maior de amor, fraternidade e união com Deus, o Pai.

34
Deus!

Deus — o supremo espírito — é ainda inacessível ao entendimento humano, por mais que os homens se mortifiquem em compreendê-lo.

Espíritos de hierarquia muito acima da dos homens comuns, por elevados que sejam seu caráter ou sentimentos, dizem quase o mesmo que nós, os "simples mortais", quando se referem a Deus, isto é: não sabemos, quem é, como é, como existe, porque existe, quando surgiu e de que forma o fez.

O intelecto humano — já bastante desenvolvido — no homem atual, forja várias teses, todas hipotéticas e esbarra sempre com o infinito e a eternidade, que não pode compreender. Todavia, não se pode deixar de admitir a existência de um deus criador, animado de todo poder, sabedoria, amor e bondade, porque, sem tais atributos, não seria Deus.

Não nos referimos a um deus, como os inúmeros que existem e sempre existiram nas mitologias, criados pelos próprios homens, à sua imagem e semelhança, possuidores dos mesmos defeitos e paixões, mas ao Deus Único, preexistente a tudo o quanto existe, porque, se assim não for, da mesma forma não será o Deus supremo.

É fora de dúvida — e isso o nosso intelecto alcança — que Deus deve possuir todos os atributos que o tornem superior a todas as coisas e a todos os seres que existem nos imensos universos; isto é, um Deus anterior, supremo e absoluto, em relação a tudo porque, se não for assim, não será Deus.

Por isso ele deve ser eterno e imutável. O intelecto humano não pode formar, como já dissemos, ideia justa do que significa a palavra — eterno — porque ela tanto vale para o que foi, como para o que é, como para o que virá a ser.

A mente humana, restrita como é aos homens imperfeitos, só pode formar juízo sobre coisas limitadas; mas o verdadeiro Deus, ilimitado em todos os sentidos porque é tudo o quanto existe, nada havendo fora dele, que não seja Ele mesmo, porque se tal não fosse, da mesma forma não seria Deus, tal concepção escapa à mente humana nos graus inferiores da evolução.

Esse Deus supremo deve ser onipresente, isto é, estar presente em tudo, porque se houver alguma coisa em que não esteja presente, estará fora dele e, neste caso, não será absoluto, não será o Deus Único.

Como a essência da vida em todo o universo é espiritual, sendo a matéria uma simples condensação de energia cósmica, segue-se que Ele é essencialmente espiritual; e nem poderia ser de outra forma, porque a matéria e a própria energia não possuem imutabilidade; são transformáveis, até mesmo por manipulações de laboratório. Como Ele não pode ser mutável, nem pode ser constituído de matéria ou de energia transformáveis como os seres criados, isso leva a concluir que é puro espírito.

E como é o criador de tudo, regulador de tudo, mantenedor da vida em tudo, compreende-se que é dotado de um poder incomensurável. Deve, portanto, ser também onipotente, porque se admitirmos algum poder fora ou além d'Ele, deixará de ser absoluto e, então, não será mais Deus.

Portanto, os atributos de Deus são os seguintes: todos os que a nossa mente puder imaginar e mais todos quantos existirem além da nossa pobre imaginação, ou da imaginação de qualquer ser criado.

Por isso é que Jesus, pregando aos israelitas, dizia: "Ninguém conhece o Pai senão o Filho que Ele enviou" (Lc 10:22). E, por que Jesus falava assim? Porque era um Espírito da esfera crística, que coopera na criação e governa mundos e a quem certamente Deus já se tornara de alguma forma acessível.

Ele também disse, se referindo a nós, os homens: "Vós sois deuses" (Jo 10:34) — porque, como espíritos, somos partículas emanadas de Deus e, por isso, evoluindo num tempo que não podemos medir, conseguiremos melhor conhecimento de Deus, maior aproximação e sintonia com Ele; integrar-nos-emos n'Ele, quando vibrarmos em termos de universalidade, e também por possuirmos a capacidade mental de criar.

Mas Jesus, ensinando que Deus é o Pai e a Ele dirigindo a prece denominada Pai Nosso, colocou Deus mais perto dos homens, pelo entendimento e pelo coração porque, como Pai, podemos compreendê-lo e sentí-lo melhor, não na sua natureza intrínseca, mas na sua sublimada significação geradora de amor sem limites.

35
ESOTERISMO

O Esoterismo — conhecimento irrevelado — é palavra que alguns não gostam de ouvir e há, mesmo, um verdadeiro e generalizado temor de se misturarem práticas esotéricas com espíritas, como se estas fossem exclusivas, originais e únicas; somente limitações de cultura (o Espiritismo medra mais de preferência nas classes menos favorecidas da sociedade, igualmente como aconteceu com o Cristianismo nos seus primeiros tempos) ou tendência a exclusivismos sectários (o que a Doutrina não aceita), podem suscitar tais modos de ver e de sentir.

Julgamos vantajoso à difusão doutrinária, o conhecimento prévio do Esoterismo, isto é, a **posse de conhecimentos gerais de espiritualismo**, porque assim o iniciante na Doutrina fica logo sabendo que, como doutrina realizadora, o Espiritismo é superior a qualquer outra, nada havendo de melhor fora dele, nesse campo e neste tempo.

O Esoterismo é um setor de Espiritualismo e tem sido uma vanguarda operosa para o Espiritismo, difundindo conhecimentos e leis espirituais que são comuns a todas as doutrinas idôneas como por exemplo: a lei da reencarnação, a pluralidade dos mundos habitados, a imortalidade da alma, as provações de resgate, etc., facilitando assim sua aceitação pelo conhecimento, então já vulgarizado entre os estudiosos, dessas doutrinas antigas e veneradas do Oriente, agora também generalizadas no Ocidente e que fazem parte da cultura espiritual do homem moderno; e dentre essas doutrinas, o Espiritismo sobressai por ter popularizado os conhecimentos de forma mais avançada e completa e rasgado o véu de mistério que as envolvia.

Possuindo conhecimentos gerais dessa espécie, o espírita de qualquer grau de cultura, mais facilmente se conduz nos meandros formados por tais doutrinas e pode verificar como a espiritualidade evoluiu e, diariamente evolui, num desdobramento constante e progressivo, da mesma forma como evoluíram, nos seus campos, a filosofia e a ciência; e isso lhe dará segurança no caminhar e no entender; pisará sempre terreno firme, sem temores, fantasias, ilusões ou fanatismos sectários.

Aliás o próprio Espiritismo, com seus três setores de atividade bem definidos, obriga-se a encarar todos os assuntos que neles se enquadrem com desembaraço, conhecimento de causa e autoridade moral e isso não poderá fazer ignorando ou anatematizando a tradição espiritual do mundo, que vem de milênios e que o próprio Jesus respeitou.

No Esoterismo as realizações efetivas são restritas e remotas, porque prevalecem de início, teorias e mistérios, que devem ser devassados por capacidade e devotamento próprios, sem preocupação de tempo, e poucos são os que conseguem êxito, a maioria desistindo ou deixando-se embalar por devaneios ou ilusões improdutivas.

Isso não ocorre com o Espiritismo que, desde os primeiros passos exige dos adeptos procedimentos íntimos e ações objetivas, oferecendo, de sua parte, conhecimentos também objetivos, confirmados comumente pelos fatos. Desta forma as realizações se tornam logo comuns e familiares, ao alcance de todos, por serem acessíveis e não possuírem abstrações ou arcanos inibitórios.

Não negamos que estas características de acessibilidade e de objetividade se tornam algumas vezes prejudiciais, quando não haja a indispensável preparação e esclarecimentos prévios, fornecidos por escolas e cursos adequados, porque, via de regra, os iniciantes despreparados eternizam a ignorância (que a Doutrina combate) e muitas vezes tornam-se instrumentos fáceis dos Espíritos inferiores, sob cuja influência podem desviar-se dos rumos certos e descambar para práticas outras dos movimentos paralelos (magia, terreiros, etc.) que, não sendo do Espiritismo, prejudicam a difusão dos conhecimentos verdadeiros.

O segredo das realizações, antigamente, em parte, se justificava, para fugir a perseguições ou evitar utilização criminosa, mas, hoje em dia, o avanço evolutivo exige, bem ao contrário, conhecimentos claros e positivos, sobretudo em relação à mediunidade, porque muitos dos médiuns em potencial se perdem por desconhecimento do problema, degeneração de faculdades, contatos com forças negativas desconhecidas, falta de orientação competente e de encaminhamento adequado, que o Espiritismo pode fornecer de forma produtiva e judiciosa.

O segredo das realizações chamadas esotéricas foi pelo Espiritismo eliminado com o conhecimento e a popularização do mediunismo.

36
Realizações Ilusórias

Por desconhecimento de detalhes fundamentais, e muitas vezes por efeito de teorias de superfície sem consistência, vêem-se hoje, como foram vistos antes, irmãos nossos obstinados, filiados a outras crenças, convencidos de sabedoria, penetrados de egolatria, confiantes em poderes psíquicos ilusórios, obscurecendo a importância da mediunidade, cujas regras desconhecem, apesar dela ser o canal inconteste e milenar das revelações e base das realizações espirituais objetivas e autênticas.

E o mesmo pode dizer-se de profitentes de alguns credos, sobretudo quando fanáticos (porque o fanatismo fecha as portas da assistência espiritual superior), que se tornam presas permanentes de Espíritos inferiores obsedantes, e se julgam na posse de virtudes salvadoras, garantidoras do Reino de Deus.

Jesus disse em suas pregações que "não se deve jogar pérolas aos porcos", mas, quanto aos homens de coração simples, deve-se esclarecê-los, cuidar deles, para que deixem de ser o que são, para se tornarem herdeiros do Seu Reino.

Como também disse "que a lâmpada não deve ser ocultada debaixo do velador", e "que se os homens não falarem as pedras falarão", no momento devido.

Mas o Espiritismo levanta a lâmpada do conhecimento verdadeiro e fala e prega a verdade revelada diretamente, sem mistérios.

E quanto às forças do mal, Jesus confirmou suas atividades dizendo, no horto, aos guardas que o prendiam: "esta é a vossa hora, a do poder das trevas", dirigindo-se, é claro, aos responsáveis.

O Espiritismo, sendo uma doutrina simples, acessível, objetiva, tem como tarefa esclarecer os homens em todos os sentidos, encaminhá-los com segurança pelos caminhos da reabilitação moral, no sentido evangélico, pois que o Evangelho é a base fundamental da redenção.

Sua tarefa cósmica é a redenção da humanidade.

Por isso é que na Federação Espírita do Estado de São Paulo, pioneira que foi nos avanços do Espiritismo em nosso País, compreendendo-se a conveniência de uma cultura espiritual mais completa e significativa, estabeleceram-se desde 1940 programas de trabalho abertos e populares, escolas e cursos doutrinários de ampla extensão, abrangendo o estudo de religiões e filosofias existentes no mundo e, com especial destaque, um eficiente aprendizado doutrinário sob o título de Iniciação Espírita (escolas de médiuns e de evangelização) de elevada capacidade espiritualizante, pelas quais já passaram milhares de alunos que difundem em nosso País e no estrangeiro os ensinamentos do Divino Mestre em espírito e verdade, de forma prática, objetiva e operante.[6]

[6] A partir de 1973, com a mudança de currículo das Escolas de Aprendizes do Evangelho na Federação Espírita do Estado de São Paulo, a Aliança Espírita Evangélica mantêm, em essência, o programa de Iniciação Espírita proposto pelo autor, que consta no livro *Vivência do Espiritismo Religioso*. (Nota da Editora)

37
Falibilidade

Neste plano relativo da criação em que vivemos, tudo e todos estamos sujeitos a limitações das mais variadas naturezas e amplitudes.

Tanto homens como Espíritos desencarnados, todos cometemos erros, enganos, desvios e faltas mais ou menos graves, por causa dessas limitações que são, aliás, de caráter universal, inevitáveis e decorrentes da imperfeição humana, sempre e a todo instante defrontada na terra, no mar e no ar, com a imensidão de forças, cuja origem desconhece e que se põem sempre mais acima, mais além do alcance.

À medida que nos elevamos na escala espiritual e evoluímos, essas limitações não diminuem, mas vão sendo superadas ou ultrapassadas por outras, a seu turno substituídas por outras ainda mais amplas, mais sutis e mais transcendentes.

Somente os Espíritos altamente evoluídos, que já atingiram um ponto de universal integração cósmica, sabedoria e poder, estão livres delas, por força de uma relativa infalibilidade que então adquirem; relativa, porque, sabedoria completa, absoluta, somente existe em Deus — Criador — e não nas criaturas.

O simples fato de ser Deus o criador absoluto, já estabelece uma limitação com os planos, mesmo divinos, que lhe estejam subordinados.

Por isso pouco podemos e pouco sabemos do muito que supomos; e também devemos compreender e tolerar nossas limitações tão extensas e profundas e jamais imaginar perfeição, porque esta não é qualidade que pertença aos mundos baixos por onde ainda perambulamos e nos quais a ignorância das coisas espirituais, mormente em relação aos planos superiores, campeia e domina, desorientadamente, a ponto de os homens, que rastejam na Terra, se julgarem sábios e poderosos negando muitas vezes até mesmo a existência de Deus.

38

CANAIS DO CONHECIMENTO

As preocupações de ordem espiritual bem definidas é que deveriam prevalecer nos ensinamentos religiosos e não os das próprias religiões, em si mesmas, que sempre visam a sobrevivência no plano material; se assim houvesse sucedido, os caminhos do conhecimento teriam sido claros e abertos, com melhor aproveitamento para todos, e não fechados em cultos e mistérios.

As doutrinas filosóficas, de certa forma, mostraram caminhos, mas jamais tiveram penetração grande nas mentes humanas despreparadas, resumindo-se a pequenos grupos de estudiosos que por si mesmos tentaram penetrar-lhes os conceitos.

O Espiritismo, todavia, foi a única doutrina que vulgarizou os conhecimentos, ampliou-os e popularizou-os, **visando unicamente esclarecer e preparar os homens para a redenção.**

Na preparação das reencarnações os Espíritos Benfeitores têm em vista não somente as "leis de César", que asseguram aos reencarnantes os bens materiais, segundo as provas e as experiências pelas quais devam passar, mas principalmente as leis do espírito, as de Deus, apontando-lhes caminhos certos que os levarão ao encontro de oportunidades de esclarecimento e progresso.

Porque todas as dívidas devem ser pagas pelos Espíritos em prova, até o último ceitil e a moeda do pagamento é o sofrimento, até que a compreensão se faça e sejam levados à vivência do Evangelho, integrando-se finalmente nas atividades do Bem; e os esforços feitos nessas atividades, traduzidos em amor para todos, esse será o testemunho dessa compreensão.

39
A Verdadeira Destinação

O intercâmbio entre os mundos e as manifestações dos Espíritos; os princípios fundamentais e as leis que regem o assunto; os fenômenos que o caracterizam e as consequências que geram, notadamente no campo religioso, são coisas que sempre existiram pelo simples fato de que sempre existiram os Espíritos, (agentes operantes) e os médiuns, (agentes intermediários).

Desde tempos remotos, quando os homens viviam ainda sob influência dos instintos, as manifestações de religiosidade tinham aspectos grosseiros, de baixa superstição e franca animalidade como, por exemplo, o hábito dos sacrifícios humanos e de animais. Mas, com o transcorrer do tempo, tendo a humanidade evoluído um pouco mais, os conhecimentos e as práticas religiosas também evoluíram sem que, porém, se emancipassem completamente dos vícios, da violência e dos erros primitivos, reproduzindo-os ainda em parte, como por exemplo, nas torturas e nos atos de fé da Inquisição, eliminados ainda há pouco tempo.

Há pouco mais de um século, quando os Espíritos diretores decidiram que fossem dadas ao mundo diretrizes mais avançadas, coube ao Dr. Rivail, na França, proceder à codificação do conjunto de manifestações espirituais que nessa época ocorriam em várias partes do mundo, tarefa essa que foi executada com extraordinária eficiência e brilhantismo, dando nascimento ao corpo da Doutrina dos Espíritos.

A Codificação foi feita por meio de comunicações, mensagens, instruções e ditados dos Espíritos desencarnados ligados à tarefa, além de um vasto e erudito rol de comentários do próprio egrégio Codificador, que incluíam e confirmavam conhecimentos e revelações espirituais anteriores, já incorporados a outras doutrinas, sobretudo orientais.

O Espiritismo é doutrina de caráter universal, mas não se apresenta com entendimento e práticas uniformes em todos os lugares onde se o pratica, porque a Codificação não se estendeu a detalhamentos executivos populares; estabeleceu regras e bases do conhecimento. No momento é no Brasil que a Doutrina tem sua mais acentuada e popular expressão no setor religioso, justamente porque esta é a destinação espiritual do País, como futura Pátria do Evangelho, firmada ainda antes do seu descobrimento territorial.

Desde o início da Codificação houve, da parte do Codificador, preocupações e cautelas visando a neutralizar reações clericais e materialistas, garantir a estabilidade da Doutrina e estabelecer diferenciações em relação a cultos primitivos, de mera superstição, apresentado-a como ciência e filosofia de consequências religiosas; mas seus seguidores, após a morte do Codificador, preferiram atividades dialéticas e experimentais, com base em uma fenomenologia atraente, altamente expressiva e abundante, necessária aliás, àquela altura, para autenticar as revelações doutrinárias e divulgar fenômenos até então conservados em puro mistério.

Essa exuberância fenomenológica, conquanto necessária e oportuna, doutra parte despopularizou a doutrina, tirando-lhe o caráter religioso, transformado-a em doutrina intelectual, apequenando-a na finalidade, obscurecendo seu sentido mais relevante e decisivo, do ponto de vista cósmico, de doutrina de redenção humana e dessa forma retardando sua natural expansão no seio do povo.

Mas esse modo de ver que, aliás, ainda é de muitos, principalmente fora do nosso País, prevaleceu entre nós, a contar de 1940, uma orientação reivindicadora, com o enaltecimento do Espiritismo religioso, criando-se cursos, escolas e práticas adequadas e abrindo-se portas em larga escala e sem restrições, ao povo em geral, sem contudo, minimizar os demais aspectos constitutivos — o científico e o filosófico — que concorrem a tornar o Espiritismo uma doutrina completa, a melhor preparada para enfrentar a luta nestes últimos dias do ciclo evolutivo que está se encerrando.

Essa nova diretriz colocou também no devido destaque a necessidade do mais amplo intercâmbio com os mundos espirituais pela mediunidade, metodizando suas práticas, pois que, através dela é que a Codificação se fez e as revelações em geral se fazem, em todos os campos das atividades humanas.

Com esta mais adequada orientação pôde-se avançar com mais rapidez, recuperar um pouco do tempo perdido e, ainda, evitar à Doutrina um confinamento improdutivo de predominância intelectual, face às responsabilidades do momento cósmico e à expansão desordenada e rápida de cultos paralelos e práticas primitivas que se expandiam no País de norte a sul.

Mas hoje, com o passar do tempo e o esforço meritório de muitos, o panorama se apresenta mudado, as hostes espíritas despertas para a luta contra a ignorância e o materialismo e os três setores que lhe formam a estrutura fundamental na posse de recursos para estabelecer no País uma conscientização equilibrada, com predominância dos ensinamentos redentores de Jesus, para que possam os adeptos enfrentar, com dignidade e confiança, o selecionamento espiritual dos próximos tempos.

40

Radiações

O metabolismo cósmico emite radiações que podem ser construtivas ou destrutivas.

As primeiras constróem, organizam, fortalecem, purificam, iluminam; e as últimas enfraquecem, escurecem, degeneram, destroem.

As primeiras são as que edificam o Cosmo, concorrem à sua harmonia, equilíbrio e sustentação como, por exemplo, sucede com a luz do sol que alimenta, alumia, aquece e produz inumeráveis transformações físicas e químicas na Natureza, permitindo o robustecimento, a harmonização e a vida no nosso planeta.

Nos indivíduos essas radiações são estimuladoras de sentimentos, ideias, pensamentos e aceleram a vida orgânica em todos os sentidos.

As segundas, no sentido oposto, ocasionam ruídos, tumultos, distorções, explosões, destruições, desequilíbrios funcionais que perturbam e destroem a vida dos seres, alterando o fácies da crosta terrestre, originando também moléstias, inquietações e distúrbios das mais diversas naturezas.

É este um campo muito amplo para as atividades da mente humana e todas as revelações feitas até hoje pelos meios espirituais, estão sendo agora confirmadas pela ciência oficial, inclusive no concernente à constituição celular e ao metabolismo atômico.

No campo das curas, por exemplo, as radiações oriundas dos Espíritos encarnados, impulsionadas pela vontade através do cérebro orgânico, podem agir sobre os centros nervosos e sobre as células, produzindo nos órgãos e nos sistemas, alterações de várias espécies.

O aumento, pois, e o adestramento da vontade por meio de exercícios adequados, tem grande importância no apuramento das faculdades mediúnicas aplicadas às curas, porque concorrem à mais desembaraçada ação no ambiente exterior ou no campo interno, através de seus órgãos normais de manifestação, para maior amplitude e intensidade destas.

41

O Livre-Arbítrio – I

Tudo o quanto se refere ao livre-arbítrio é delicado e merece a maior ponderação.

Em todos os atos praticados pelos homens há sempre uma parte livre, gerada no momento, que é a que vem da faculdade volitiva individual; e outra, compulsória, condicionada, que é a que decorre, como fatalidade, da lei de Causas e Efeitos.

Os atos dos humanos são subordinados ao seguinte processamento:

1º) o indivíduo, no ambiente interno, ou pelos sentidos, toma conhecimento de determinado fato ou circunstância;

2º) esse conhecimento, indo ao cérebro físico, determina uma reação interna ou externa, isto é, para o campo do Espírito ou para o do corpo físico;

3º) a faculdade volitiva intervém e o indivíduo executa a ação julgada necessária num ou noutro sentido.

A entrada em ação da faculdade volitiva ocorre depois de uma série de elaborações no campo da mente e representa a decisão tomada pelo Espírito em relação ao fato ou às circunstâncias em causa; essa decisão é o que comumente se denomina livre-arbítrio.

Essa decisão gera consequências que, automaticamente, passam a pertencer ao campo da fatalidade, como efeitos fatais das causas determinantes.

Nos atos primários, as decisões são sempre livres, isto é, podem ser tomadas ou não, tomadas num sentido ou noutro, numa ou noutra direção, ao passo que nas ações condicionadas (casos cármicos), as decisões nem sempre estão na inteira alçada do Espírito sendo este, muitas vezes, forçado a agir num dado sentido ou direção, sob a influência de forças nem sempre controláveis.

Disso não se conclui, porém, que a fatalidade das ocorrências elimine o livre-arbítrio individual que, sem dúvida alguma, é um atributo sagrado do Espírito. Muito ao contrário, o livre-arbítrio como vimos, é que gera a fatalidade e, segundo ele o Espírito pode fazer ou deixar de fazer, fazer duma ou d'outra forma, gerar estas ou aquelas causas, produzir estes ou aqueles efeitos.

Mas, depois da decisão tomada, do ato praticado, suas consequências, repetimos, já não pertencem mais à alçada do Espírito; correm por conta das coisas que têm, forçosamente de acontecer, justamente para conhecimento do próprio autor e reequilíbrio de sua posição na trajetória evolutiva.

Resumindo: duas forças operam sempre determinando os atos humanos: as que nascem, no momento, do próprio Espírito, como decisão pessoal e as que vêm da lei de Causas e Efeitos (Carma), sobre as quais o Espírito não tem ação, porque são consequências de atos já praticados e que devem encerrar seu próprio ciclo, para que volte o equilíbrio.

Por isso dependem de nós os atos do presente que formam o futuro, o direito de agir para o bem ou para o mal, criar futuro bom ou mau, abrir caminhos bons ou maus, fáceis ou difíceis, claros ou sombrios, nos dias vindouros.

É absolutamente certo o aforismo: "O livre-arbítrio vem de Deus e a fatalidade vem dos homens".

42
O Livre-Arbítrio – II

Acrescentaremos agora mais alguns detalhes que são de evidente interesse.

O livre-arbítrio também se manifesta fortemente na vida dos Espíritos desencarnados quando, após uma encarnação de prova ou de tarefa, em que essa faculdade tenha sido amplamente exercitada e, dado o balanço dos resultados, as falhas cometidas exigem novas lutas e esforços no mundo dos encarnados.

Para isso, aguardam sua vez e, quando atendidos, tomam parte na elaboração do novo programa de ação, na escolha dos meios e do novo campo de atividades, dos recursos a utilizar e dos fins a atingir em determinado tempo.

Isso sucede assim quando há liberdade de escolha porque, em caso contrário, em se tratando de Espíritos ignorantes, irresponsáveis e incapazes de opção própria, a reencarnação é compulsória, regula-se rigidamente pelas leis espirituais concernentes ao caso, sendo tudo providenciado e ajustado pelos benfeitores espirituais encarregados disso.

Se os Espíritos mais evoluídos sofrem quando reencarnam nos mundos pesados, os ignorantes e os retardatários, muito ao contrário, se rejubilam, porque aspiram sempre voltar a esses mundos onde se sentem melhor, ficam mais à vontade e suas vibrações inferiores sintonizam melhor com eles.

Nesses mundos baixos podem viver camuflados na carne, ostentando posições às vezes de destaque, que não lhes são devidas espiritualmente, por virtudes que não possuem; podem aí ocultar suas inferioridades e viver como os demais, o que não é possível nos planos desencarnados, onde não possuem a capa da carne para esconder os negrumes e as falhas sempre visíveis nos perispíritos.

Utilizando a faculdade do livre-arbítrio, todos nós somos responsáveis, de forma irrecorrível, pelos atos praticados, que se registram automaticamente e minuciosamente, na Luz Etérea; colhemos os frutos do que no passado semeamos e, ao mesmo tempo, semeamos para o futuro.

O problema para todos é, pois, o seguinte: resgatar agora os erros do passado, com a maior compreensão e humildade (o que muito ajuda os resgates) e proceder rigorosamente de acordo com as leis de Deus, cuja base é o Evangelho cristão, para assim não acumular novas dívidas, que exigirão novos sofrimentos no futuro e novos retardamentos.

O meio de se agir sempre certo e bem é viver obedecendo rigorosamente aos preceitos do Evangelho, porque assim teremos certeza de que não erraremos mais, pelo menos por nossa vontade.

O Evangelho aponta sempre a conduta certa e justa, assim como a bússola aponta sempre o norte, restando somente interpretar os preceitos, não segundo a letra mas, sim, o espírito da letra, dessa forma realizando a reforma interna e a purificação próprias.

43

LIMITAÇÕES

Há várias circunstâncias que limitam as responsabilidades pessoais no uso do livre-arbítrio e pode-se classificá-las, "grosso modo", em duas principais categorias, a saber:

a) limitações por influência do organismo físico;

b) limitações por influência do meio.

Entre as primeiras se enquadram as moléstias orgânicas congênitas, cármicas; as perturbações psíquicas, as taras físicas e morais, as mutilações, etc., e, entre as segundas, o primitivismo, a ignorância, a miséria, a escravidão social, as restrições ocasionais de liberdade, etc., sempre se tendo em vista que as limitações válidas, toleráveis, são aquelas que não foram provocadas pelo próprio Espírito em prova, ou as oriundas de transgressões atuais, que podem ser superadas.

Todas estas circunstâncias, repetimos, só diminuem a responsabilidade individual, quando se tornam realmente impossibilidades, obstáculos não removíveis, porque o Espírito, mesmo nas piores condições físicas, pode afirmar sua vontade própria, superar dificuldades e encaminhar a vida num sentido construtivo e justo.

44
O Poder de Ação

Quando o homem está na plena posse de suas aptidões, gozando de saúde física e moral, é-lhe muito fácil tomar atitudes, utilizar suas faculdades e poderes e sobra-lhe coragem. Mas quando está combalido por moléstias ou cansaço; quando sua mente se perturba por imprevistos ou desgostos, tudo se torna mais difícil e, às vezes, mesmo, impossível.

Quando a luta o enfraquece e o desânimo o domina, tornando-o inativo, apático, descrente de tudo, as sombras o envolvem e fecham-se para ele as possibilidades de vida no mundo exterior, como também, e consequentemente, não está mais em condições de arbítrio responsável.

Esta é a hora em que nos devemos lembrar dos poderes intrínsecos que possuímos em potencial, como partículas divinas que somos, evoluindo na matéria densa e opressiva, poderes estes que, quando acionados pela vontade, ou por uma necessidade premente, ou, em alguns casos, pelo desespero, atraem forças de apoio de grande valia.

Nestas circunstâncias basta que decidamos prosseguir na luta de qualquer maneira, desafiando as adversidades, com decisão e fé, para que a resposta do Alto se faça ouvir e, com ela, a volta da força e da coragem.

Quando apelamos por motivos justos, nosso apelo nunca é feito em vão: essa é a lei.

Não encarnamos neste mundo inferior para ficar inativos ou derrotados, mas para lutar pela reabilitação própria, sofrendo provações e vencendo-as; muitas vezes os pontos altos dos sofrimentos e das crises são testes violentos, provações de selecionamento, após os quais a tormenta amaina e galgamos um degrau a mais na escalada evolutiva.

Entretanto, não podem os benfeitores espirituais servir-nos de esteios permanentes, ou oráculos para detalhes de somenos e comumente se afastam, para que nos acostumemos a empregar sozinhos as próprias forças, afirmando as conquistas que já fizemos e acumulando cabedal de autoconfiança para provas futuras, demonstrando assim que estamos em condições não só de utilizar nosso livre-arbítrio com sabedoria, como suportar com moderação e compreensividade, as limitações marcadas em nosso programa encarnativo.

45
Pensamento e Ação

Nesse campo, convém também saber que é necessário pensar sempre com pureza e elevação. Todo pensamento é vivo, tem forma, cor, vibração, sonoridade e interfere na vida do próximo tanto como na própria.

Há extensa responsabilidade espiritual no ato de pensar porque, se pensarmos bem, espalharemos o bem e, em caso contrário, semearemos o mal, tanto ao redor de nós, como a distâncias consideráveis, tanto neste mundo como em outros.

Pensando com pureza e justiça nos transformaremos em dínamos produtores de correntes benéficas de força; em torno de nós se formará uma atmosfera clara, de fluidos benéficos, atrativos; mas, pensando sem pureza e sem justiça, viveremos imersos nas sombras, envoltos em fluidos pesados e repulsivos, aniquiladores da vida.

Esforcemo-nos, pois, para utilizar nosso pensamento com sabedoria, beneficiando a nós próprios e a nossos semelhantes.

Depende unicamente de nós a ação reta no caminho reto.

Deus a todos franqueia os caminhos que levam à perfeição, mas todos têm que percorrê-los com seus próprios pés, executando a tarefa que lhes está prescrita, seja no campo individual, como no coletivo. Somente assim haverá o mérito das próprias obras.

46
O Esforço Próprio

É muito comum e natural nos dirigirmos aos protetores espirituais para obtermos conselhos, ajuda, solução de problemas sociais e domésticos, cura de moléstias e outras inúmeras necessidades de nosso particular interesse.

Isso é feito em larga escala, porque somos imperfeitos e fracos, vivemos rodeados de males e raramente os suportamos com compreensão e humildade. Conhecemos muito pouco das leis espirituais que regem nossos passos na vida comum de todos os dias e, por isso, erramos, quando esses apelos se fazem sistematicamente, como se quiséssemos alijar de nossas costas as cargas que nos cabe suportar.

Os guias e protetores estão sempre prontos a nos auxiliar, mas é preciso compreender que há certos limites que eles mesmos não transpõem, porque tudo o quanto nos acontece de bom ou de mau, é necessário ao nosso adiantamento no campo das experiências evolutivas; para isso é que nascemos e vivemos e por causa disso é que sofremos. O que nos cabe é viver por nossa própria conta.

O livre-arbítrio foi dado ao homem para que ele mesmo opine sobre sua conduta, enfrente seus problemas, assumindo responsabilidade pessoal das decisões que tomar, dos atos que praticar e das consequências desses atos. Tudo isso é coisa própria da vida do homem encarnado.

Inútil tentar transferir para os protetores espirituais tais problemas, na suposição de que eles os resolvam por nós, por serem Espíritos e terem mais poder (o que nem sempre é verdade). Somente Espíritos irresponsáveis e mistificadores se envolvem em nossos problemas pessoais, opinando ou interferindo, de forma direta e decisiva.

É verdade que muitos casos de somenos encontram apoio em Espíritos familiares, que aconselham medidas, indicam remédios, choram conosco nossas dores e consolam sempre; os de hierarquia mais elevada também o fazem, porém não interferem no curso natural das leis divinas, salvo casos especiais, a seu próprio critério.

Quando surgir dificuldades, o que devemos fazer é examinar o problema, analisá-lo à luz da razão e lutar para eliminá-lo, utilizando nossos próprios recursos, como julgarmos mais acertado e justo. Se, mesmo assim, houver resultados contrários aos nossos desejos, continuaremos a agir como for possível, até termos certeza de que a solução está acima de nossas forças; então temos o direito de recorrer aos benfeitores espirituais, não com a certeza de sermos atendidos, (pois há casos que não devem mesmo ser atendidos) mas com a esperança natural de que o sejam.

47
Direito de Escolha

O homem, segundo sua vontade, pode melhorar ou piorar os seus sentimentos, elevando-se ou rebaixando-se nos diversos planos do mundo espiritual.

Enquanto vive encarnado constrói ou aprimora o seu mundo íntimo, que resulta dos sentimentos que possui e da sabedoria que até então adquiriu e que lhe formam a personalidade atual, com a qual se projeta no mundo exterior.

Quando desencarna, esse estado interior representa um valor-peso que o faz subir ou descer (qualitativamente) nos diferentes planos e esferas do mundo espiritual, passando a viver no ponto exato que lhe competir, segundo as compatibilidades.

Nesse plano encontrará os seres que estiverem em condições equivalentes, no mesmo grau de moralidade, na mesma sintonia e de cuja companhia não poderá afastar-se. A sintonia vibratória marca rigorosamente as fronteiras entre planos e esferas, impedindo sua transposição indevida.

Disso se conclui que, modificando seu estado íntimo pela reforma moral e purificando-se, o homem encarnado melhora sua vibração perispiritual, o valor-peso diminui, aumenta sua capacidade de auto-iluminação e, após o desencarne, poderá subir mais alto, habitar uma esfera mais elevada e perfeita, levando vida mais feliz, na convivência com Espíritos mais evoluídos.

Tais possibilidades estão, pois, inteiramente, em nossas mãos, bastando que nos decidamos a realizar a reforma íntima, **não a aparente, mas a intrínseca, profunda**; e desde que saibamos disso, seremos verdadeiramente insensatos, se nos deixarmos permanecer, por vontade própria, em comodidades ou negligências, em graus inferiores de vida moral, que geram após a morte sofrimentos e convivência com Espíritos impuros, ignorantes e muitas vezes maléficos, com limitações inúmeras, que nos cercearão a liberdade individual, trazendo a miséria espiritual e física, que são condições insuportáveis, desesperadoras e terrivelmente dolorosas.

E por quanto tempo?...

48

SER OU NÃO SER

De muitos arautos vêm avisos que dias terríveis se aproximam da Terra, e as apreensões se estendem pelo mundo, alimentadas pelos tumultos, catástrofes, conflitos e ameaças de guerras, que dia por dia se multiplicam. Mas também está dito que o sol não deixará de brilhar neste País predestinado que é o Brasil, nem a palavra que vem do céu, como inspiração para aqueles que devem recebê-la e difundi-la; nem o consolo e a alegria faltarão àqueles que se juntarem às hostes abençoadas que seguem o Cristo, o Senhor e Guia desta torturada humanidade, "e que não amem sua vida até a morte".

É no campo das moléstias que o sofrimento mais abate; na falta de bens transitórios e de comodidades é do que mais se queixam os Espíritos encarnados. Estes aparentes males afetam ricos e pobres, sábios e ignorantes, moços e velhos, que se lastimam em altas vozes, porque se esquecem ou ignoram que a misericórdia de Deus cobre os sofredores, nas suas angústias e necessidades, desde que se abram para o seu amor, coloquem-se em condições de recebê-lo e se disponham a sofrer, com humildade e paciência, o que lhes estiver reservado, para resgate de seus débitos do passado.

O Espiritismo exige muito dos seus adeptos: no campo moral, a transformação íntima e a conquista de virtudes cristãs, e, no campo material, sacrifícios e desprendimentos em bem de seus semelhantes.

Por isso dizer-se alguém espírita nada significa de real e positivo, desde que assim não proceda. Coisa muito diferente é possuir o ideal, o anseio de espiritualização, a força íntima que leva à evangelização redentora, acima de qualquer outra preocupação ou desejo, mormente agora que a hora do mundo é grave.

Verdadeiramente espírita é somente aquele que, primeiramente, se esforça por evangelizar-se, com a reforma íntima e passa a viver segundo esses ensinamentos, com os testemunhos obrigatórios que a evangelização exige, mas não os que somente pregam, mandam fazer mas não fazem; fingem querer mas não querem; querem viver mas não vivem; querem amar mas ainda são egoístas e frios; querem crer mas duvidam; tudo porque não possuem as virtudes da fé e da humildade, sem as quais todas as tentativas de evangelização estão destinadas ao insucesso.

49

Ação do Pensamento

A atividade mental do Espírito encarnado se manifesta na emissão de ideias e pensamentos, que podem circular nos limites da própria mente para a vida interna, ou projetar-se para fora, visando determinados alvos na vida de relação.

Esses pensamentos e ideias podem provir do Espírito diretamente, sendo, portanto, produtos atuais do setor consciente, ou então do subconsciente, quando se referem às coisas do passado imediato ou remoto.

Como se vê, ideias e pensamentos são sempre produtos da área do Espírito e não do cérebro físico, como querem os materialistas, porque a mente, em qualquer de suas áreas funcionais — superconsciente, consciente ou subconsciente — faz parte da organização perispiritual e não do corpo material.

Há um velho axioma que diz que "assim como pensamos, assim seremos". E há muita verdade nisso, porque os pensamentos são produtos mentais emitidos na forma de ondulações cerebrais, que transitam pelo corpo físico ou fora deste, produzindo efeitos correspondentes à sua natureza e espécie. Os pensamentos negativos produzem corrosões celulares: a tristeza, por exemplo, quando intensa e prolongada, destrói células da mucosa do estômago e da vesícula biliar; o temor e a ansiedade fazem o mesmo, afetando estes e outros órgãos, como o coração e o cérebro. Partindo da mente e do cérebro, a ondulação psico-elétrica caminha pelo corpo, através dos nervos, até os plexos, atingindo os órgãos, desencadeando moléstias, às vezes graves.

É sabido que os animais, quando excitados ou amedrontados, não comem nem bebem, enquanto não sossegam e se refazem.

Às vezes, por efeito de um choque traumático ou desgosto profundo, os cabelos não embranquecem de súbito? Neste caso a corrente elétrica, que veio do cérebro, foi tão intensa que produziu esse resultado surpreendente.

Uma emoção forte, um susto, um desgosto que produzem pensamentos absorventes, como, por exemplo, o amor e o ódio, empanam a visão ou perturbam-na de maneira a ver-se o mundo exterior de forma diferente do real. O amor alegra, dá uma euforia que torna claras e brilhantes todas as cores do mundo exterior, e o oposto sucede com o ódio e o temor, que tudo enegrecem.

Nos médiuns, estas alterações do equilíbrio psíquico, além de afetarem o corpo físico, alteram a produção mediúnica. Manter pois, o equilíbrio, fazer higiene mental, evitando pensamentos negativos, não representam simples teorias, mas indispensáveis providências para o normal desempenho das tarefas.

Regular pensamentos e emoções para evitar extremos, eis o recurso, por maior que seja o desgosto ou o revés sofridos. O ponto de equilíbrio está sempre no MEIO TERMO (In medium virtus) e não nos extremos, que são sempre perigosos. É necessário pois, dominar os impulsos do caráter, do temperamento, do sentimentalismo e refugiarmo-nos nas virtudes excelsas da humildade e da paciência que, em todos os casos, ajudam a manter o equilíbrio, sendo ocioso recomendar a espíritas em geral e a médiuns em particular, os recursos conhecidos e sempre poderosos da prece e da comunhão com o Plano Espiritual, em todas as ocasiões em que defrontamos com dificuldades, sofrimentos e situações que escapam aos nossos recursos e limitações.

Os pensamentos, quando emitidos, revestem-se de uma FORMA, que sempre corresponde à sua própria natureza e que se projeta no exterior, provocando, invariavelmente, consequências boas ou más.

Quando emitido, o pensamento, como já dissemos, é ondulação vibratória que produz uma forma, por menor que seja a sua duração, e atrai formas semelhantes, estabelecendo sintonia com tudo o quanto vibrar na mesma onda.

Assim caminha, cresce e se amplia muitas vezes, transformando-se, por fim, em um potencial considerável de forças, boas ou más, segundo os sentimentos ou as ideias que determinarem sua emissão.

Pensamento é energia mental modelada que, quando libertada, acarreta sempre consequências imprevisíveis. Devem pois ser freados, como os cavalos, e vigiados, desde sua origem, para que não se tornem maléficos.

No Plano Espiritual, pensando-se, realiza-se, projeta-se o pensamento como forma visível; quando se pensa em ir a algum lugar já lá estamos; quando se pensa em determinada vestimenta, já estamos assim vestidos, porque o corpo mental interpenetra o físico; mas, em nosso plano, as limitações da matéria densa impedem que o mesmo suceda de forma visível, como no outro, com os efeitos correspondentes.

O mais poderoso recurso, de que se pode lançar mão para conservar a mente limpa e evitar pensamentos maus, é a auto-evangelização, com a disciplina da mente, a vivência por um ideal maior a atingir, um tipo mais elevado de vida a conquistar.

50
Espiritismo e Política

Este é um tema surrado, mas não devemos nos abster, passando ao largo, sem encará-lo e comentar alguns de seus aspectos.

O Espiritismo é uma religião muito ampla, penetrando setores da filosofia e da ciência, ou de outra forma, uma filosofia que se vincula perfeitamente bem à ciência e à religião.

Sua finalidade é o esclarecimento espiritual dos homens e seu aperfeiçoamento moral, com base na reforma íntima para a conquista do **Reino de Deus**.

Como tal, é um conjunto de verdades de caráter universal e de consequências ilimitadas, que não podem ser restringidas de modo a conter-se em aspirações simplesmente humanas, interessadas em conquistas de valores materiais.

Por isso está acima de homens e de preocupações de naturezas político-partidárias, raciais ou regionais, de crença ou de cor, e a todos distribui, sem restrições, os benefícios que comporta.

Se os adeptos da doutrina, para realizações práticas se agrupam em associações de várias espécies, fazem-no para viverem em comunidade, auxiliarem-se mutuamente, somarem forças, em obediência ao princípio doutrinário da fraternização. Mas criarem organizações de caráter político, isso aberra das finalidades e se torna inconveniente, porque os espíritas ainda não estão em condições de imunidade, em relação às paixões e ambições comuns e, forçosamente neste caso, se deixariam envolver por interesses materiais inferiores, produzindo atos contrários à finalidade doutrinária.

Mas, pergunta-se: Os espíritas não devem então tomar parte na vida política da Nação?

Resposta: Como indivíduos e cidadãos podem votar e ser votados, exercer cargos e poderes, porque isso não afeta sua condição de espíritas, mas daí, a se organizarem para competir no campo divisionista da política, a distância é grande.

Ser espírita, como é natural, não implica perda de liberdade de consciência e de ação para o uso pleno do livre-arbítrio, elemento importante da evolução individual; mas a organização em partidos priva os adeptos dessa liberdade de pensamentos e de ação, porque, ajoujados ao partido, não podem emitir opiniões livres, praticar atos contrários aos interesses partidários, que são prioritários.

Pessoalmente os espíritas lutam pela liberdade, pela fraternização universal e pela outorga pública e irrestrita de todos os benefícios que são herança e direito do homem encarnado; mas a organização em partidos restringe tais direitos e outorgas, fomenta hostilidades e malquerenças, delimita o campo das atividades livres.

O que ainda mais convém, no momento é, pois, a ação individual independente, de autopreparação evangélica e jamais a disputa acirrada no campo coletivo, com prejuízo de sua evangelização incipiente e ainda incapaz de resistir a embates de amplo nível.

O mundo evolui mas, ideologicamente, a evolução política tem sido quase negativa e nenhuma melhoria operou no campo dos sentimentos coletivos de raças e de nações, visando a fraternização mundial; ao contrário, nela em geral dominam a ambição e o egoísmo; os agrupamentos não conseguiram sair do âmbito dos interesses partidários ou regionais; o antagonismo cresce e, com ele, o ódio, o espírito de separação, que se espalham como óleo; e a força bruta, sem a menor evolução para melhor é sempre o último argumento, quando as opiniões e os interesses nacionais divergem; desta forma, as comunidades sociais foram se afastando cada vez mais da espiritualização redentora.

O Espiritismo, que visa objetivamente, a transformação moral dos homens não pode acumpliciar-se com forças negativas na movimentação de massas humanas, mas ao contrário, deve guiá-las e conduzi-las por outros modos, por outros caminhos, visando a outros alvos mais altos.

Postos no torvelinho do mundo atual, os espíritas lutam para se realizarem individualmente, nas provações de resgate e nas experiências esclarecedoras, e não podem remeter-se ao silêncio, absterem-se de ação pessoal e independente para obedecer injunções partidárias; e também porque o Espiritismo, tendo vindo para reformar o mundo e redimi-lo, em colaboração com outras forças universais, sabe que é lutando no campo do esclarecimento espiritual e no da evangelização coletiva, segundo o espírito e a essência dos ensinamentos de Jesus, que realizará sua tarefa cósmica.

Tudo isto indica e prova que não devem os espíritas se organizarem em partidos políticos, porque já têm posição definida, tarefa e destinação certa e marcada no cenário geral do mundo, como adeptos de uma doutrina que é a revivescência do Cristianismo Primitivo, e basta-lhes tamanho compromisso.

51
Mente e Cérebro

A ciência materialista atribui sempre ao cérebro a quase totalidade dos fenômenos intelectuais e psíquicos manifestados pelo homem encarnado, enquanto que o Espiritualismo, a seu turno, sempre ensinou que o cérebro é somente o órgão físico das manifestações ambientais do Espírito; uma estação receptora-transmissora de ideias, pensamentos e impressões outras, vindas do Espírito no sentido de "dentro para fora" e do ambiente exterior, no sentido de "fora para dentro", ao mesmo tempo uma espécie de cabina de comando, da qual o Espírito se utiliza para agir sobre o corpo orgânico ou o meio ambiente, através da mente, que é a área onde essas transmissões se manipulam.

Podemos sugerir o trinômio espírito-mente-cérebro, segundo o qual o espírito, através da mente situada no perispírito, utiliza o cérebro material e, em sentido contrário, pelos sentidos, toma conhecimento do que ocorre no exterior, ou no corpo orgânico.

Mas, ultimamente, a ciência está cedendo lugar à realidade e vacila em sustentar sua concepção escolástica exposta da seguinte maneira:

"1º) o cérebro é órgão vital, de altíssima sensibilidade;

2º) possui 19 bilhões de células, de forma e constituição química particular, que respiram e se alimentam da linfa sanguínea;

3º) setecentos centímetros cúbicos de oxigênio é o quanto exige a respiração de 100 gramas de cérebro;

4º) a inteligência depende do número de células do cérebro e, consequentemente, quanto maior o número delas, maior será o cérebro e maior a inteligência demonstrada."

Esta teoria fixava a ciência no pressuposto de que as manifestações atribuídas à alma, pelas correntes espiritualistas, eram produto simplesmente da fisiologia cerebral.

Esta tese materialista que atribui à célula cerebral (que não passa de matéria sensível), a capacidade de fabricar ideias e pensamentos da mais variada escala ou expressão moral ou intelectual, tem resistido séculos e formado mentalidades frias e exclusivistas aos centos de milhares em todo o mundo.

Mas, com a evolução das coisas, a Ciência começou a esbarrar com fatos concretos que estremeciam os alicerces da enganosa suposição como, por exemplo, este: o cérebro humano, é cinco ou seis vezes menor que os do elefante ou da baleia, mas nem por isso estes podem fazer o que o do homem faz, a ponto de competir com velozes máquinas calculadoras, ou executar funções que nenhum outro ser ou máquina poderão imitar, sequer.

Este impasse, entretanto, não foi ainda eliminado, porque a ciência permanece na obstinação de não aceitar o **elemento espírito**, desprezando assim a chave que abrirá portas novas e definitivas para o entendimento de problemas insolúveis por outros meios.

A regra certa, como tudo o demonstra, é esta: em um cérebro de pequeno porte pode manifestar-se uma inteligência de alto nível porque, justamente em contrário à teoria científica, não é o cérebro que gera ideias e pensamentos, porque estes são privativos do Espírito que usa o cérebro.

Há outro ponto de interesse complementar: em estudos e trabalhos doutrinários são comuns as confusões entre cérebro e mente, termos estes que são usados indistintamente para designar o mesmo órgão ou a mesma atividade; mas deve-se entender:

MENTE — Como órgão situado no perispírito, através do qual o Espírito age diretamente sobre o cérebro, a matriz perispiritual do cérebro material, podendo dizer-se analogicamente que é o cérebro do Espírito, através do qual este age sobre o cérebro do corpo denso.

A mente comporta três divisões ou setores distintos e complementares de manifestações:

a) **o superconsciente** — para as ligações do Espírito encarnado com o Plano Espiritual.

b) **o consciente** — para o remanejamento das ideias, pensamentos e outras impressões em trânsito no momento, do ambiente em que vive.

c) **o subconsciente** — para o fornecimento ao Espírito da maior parte dos conhecimentos anteriormente arquivados de que ele carece para suas atividades funcionais, como auxílio poderoso à **memória relativa**, que ele utiliza na presente encarnação.[7]

A Ciência, que levou milhares de anos indiferente ao conhecimento da energia nuclear, esboçada pelos sábios da antiguidade grega e que, com sua

---

[7] Maiores detalhes sobre o assunto poderão ser encontrados no livro *Psiquismo e Cromoterapia*, do mesmo autor. (Nota da Editora)

atual adoção e brilhante manipulação, está agora escalando os céus, tentando arrombar as portas dos astros, continuará entretanto, a marcar passo em muitos setores, de importância fundamental, enquanto não adotar a existência, atualmente mais que provada e evidente, dos Espíritos desencarnados e de sua interferência constante, multiforme na vida dos homens encarnados.

Enquanto não admitir a existência de Deus — o criador supremo — e mesmo podendo resolver inúmeros problemas do campo intelectual, a ciência não transporá os limites que abrem as portas dos conhecimentos definitivos ligados à vida do cosmo e do Espírito imortal e eterno.

52
JESUS DE NAZARÉ

Kardec, comentando o capítulo I do livro *O Evangelho Segundo o Espiritismo*, item 4, afirma que Jesus veio para dar cumprimento às profecias que lhe anunciavam o advento; e que a autoridade lhe vinha da **natureza excepcional do seu Espírito e da sua missão divina**.

Entendemos, pois: que era um Espírito de natureza excepcional, na realização de uma missão divina. Espírito excepcional mas não divino, no sentido comum dogmático de **ser Deus**. Essa natureza excepcional era a de ser o Messias, anunciado pelos profetas hebreus, "messias" querendo dizer "o ungido de Deus" com os poderes inerentes a essa hierarquia espiritual.

No Evangelho de João, 1:18, lê-se que Jesus era o filho **unigênito do Pai**. Unigênito significando "único gerado", mas, como há outros Espíritos de semelhante hierarquia, percebe-se que essa afirmativa foi simplesmente interpolada no Evangelho por interessados em dar a Jesus o caráter de Deus, com o qual poderia ser incluído na Santíssima Trindade e assim reforçar a autoridade dos grupos sacerdotais interessados.

Mas se lermos **Ungido** ao invés de **Unigênito** estaremos dentro da lógica dos fatos e da verdade espiritual.

Pedro, como consta em Mateus, 16:16, interrogado por Jesus, em certa ocasião, respondeu: "Tu és o Cristo, o filho de Deus vivo". Cristo em grego também quer dizer ungido; **Filho de Deus vivo** quer dizer Espírito de **elevada hierarquia** encarnado na Terra, o que Jesus também confirma quando dizia que era Filho de Deus e Filho do Homem, duas designações próprias da iniciação sacerdotal antiga, que indicavam Espíritos de elevada condição hierárquica.

Jesus — o ungido de Deus — é pois, Espírito de excelsa condição, que encarnou junto ao povo de Israel para confirmar a Lei antiga, recebida por Moisés no Sinai, corporificada nos Dez Mandamentos, e para indicar o caminho da Lei nova, com base no amor universal e na paternidade Divina.

Segundo uns, Jesus é o próprio Cristo Planetário (entidade espiritualmente responsável pelo planeta); segundo outros foi um enviado desse Espírito Crístico, ao qual ofereceu seu corpo físico no ato do batismo de João, no Rio Jordão, para que nele se incorporasse.

Segundo uns, viveu em um **corpo fluídico**; segundo outros viveu em um corpo de carne igual ao nosso. Mas seja qual for a versão verdadeira, Jesus foi um missionário de altíssima condição e o mais perfeito de quantos encarnaram na Terra, como guia da humanidade e seu redentor, porque, mesmo na hipótese de ter cedido seu corpo físico para o Cristo Planetário, versão que Paulo de Tarso esposou, estaria da mesma forma integrado na tarefa redentora da humanidade planetária.

De qualquer forma, portanto, é um Espírito que viveu, sofreu e evoluiu no seio desta humanidade, ou de outras, até atingir a altíssima condição de **"ungido de Deus"** — Messias.

Há muitas passagens no Evangelho que atestam a natureza excepcional, divinizada, de Jesus, sem contudo ser Deus.

No Evangelho de João, logo no princípio se lê: "No princípio era o Verbo e o Verbo estava com Deus e o Verbo era Deus e encarnou entre nós e tudo o quanto foi feito, foi feito por ele". Ora, Deus, o ser Absoluto, jamais encarnaria em planeta algum, sendo ele criador de tudo; o Verbo, portanto, era o Cristo.

Como também esta declaração d'Ele mesmo: "Eu sou o Caminho, a Verdade e a Vida e ninguém vai ao Pai senão por mim", esta asseveração denota a autoridade excepcional que Ele tinha como Cristo Planetário.

E esta outra: "Eu e o Pai somos um"; " um" querendo dizer uno; ou ainda esta, respondendo a Pilatos, no julgamento: "Meu reino não é deste mundo."

Em todas estas citações é preciso distinguir os termos "deus" e "deuses", não supremos, muito usados nas religiões politeístas; e o termo "Deus", o Criador, que não tem parceiros e está sobre todos e sobre tudo.

Kardec, nos comentários que fez à página 120 do livro *Obras Póstumas* diz: "desde que Ele, Jesus, diz de si mesmo: que a doutrina que prega não é sua; que ela lhe veio de Deus, que lhe ordenou viesse dá-la a conhecer; desde que não faz senão o que Deus lhe deu o poder de fazer; que a verdade que ensina Ele aprendeu de Deus, a cuja vontade está sujeito; então é que Ele não é realmente Deus, mas apenas, um enviado de Deus, um missionário divino."

Aliás, todas as palavras de Jesus e de seus apóstolos são documentos que provam que Ele não era Deus mas, sim enviado de Deus, como outros que vieram antes dele em número de oito.[8]

[8] Ver *O Redentor*, cap. 2, *A Hora do Apocalipse*, pág. 37 e *Os Exilados da Capela*, cap. XIX, do mesmo autor. (Nota da Editora)

Segundo a tradição espiritual Atlante, os Espíritos denominados "amadores" messias planetários, no céu que lhes é próprio, classificam-se em sete esferas e os que pertencem às duas menos elevadas ainda podem encarnar em missões salvadoras nos mundos materiais.

Como Filho do Homem — messias, ungido Jesus — evoluiu e atingiu a esfera dos Espíritos que são cristos planetários, de caráter divinizado, mas esfera ainda situada no mundo do **Criado** e não do **Criador**, pois que o mundo criado é mundo **cósmico, manifestado** e portanto, ainda próprio do Plano Relativo, e não o mundo do Criador, do Deus Supremo, que pertence ao Plano Absoluto; estando tudo, na Natureza, categorizado, disciplinado a leis, maravilhosamente organizado; e havendo harmonia, beleza e perfeição até mesmo nos olhos minúsculos de um inseto, não poderiam deixar de haver também e ainda mais perfeitas, nas hierarquias espirituais.

Os fenômenos produzidos por Jesus, quando encarnado entre nós e chamados **milagres**, nada provam ser Ele Deus, porque são fenômenos que a ciência e a mediunidade de certa forma reproduzem; mas provam sua natureza **excepcional de Espírito** a que se referiu Kardec, como também confirmam a natureza **divina de sua missão**, que era a de guiar e esclarecer a humanidade sobre a vida espiritual verdadeira; promover a sua transformação moral, libertando-a de sua condição de inferioridade; redimi-la para o futuro mundo regenerado, que será em breve a Terra em que vivemos.

E agora cabe a pergunta: o que é que o Espiritismo ensina a respeito destas questões transcendentes?

Resposta: Como "Espiritismo" é o nome dado à Doutrina dos Espíritos, que foi ditada a Kardec, na Codificação, por entidades de alta condição espiritual; e não se podendo supor que essas altas Entidades as ignorassem — mas não as definindo como o fizeram — segue-se que tais questões não devem ser ventiladas ou esclarecidas a uma humanidade ainda tão retardada como a nossa.

E se aqui, pessoalmente e como Autor, as ventilo, é para que tenha oportunidade de apresentar esta conclusão que, segundo parece, é lógica e imperativa.

53
Relações Humanas

Nossas amizades e companhias devem ser selecionadas: eis uma necessidade a que não devemos fugir. Uma má ovelha não põe o rebanho a perder? Uma gota de tinta escura não tisna a água pura de um vaso?

Selecionar pelas condições morais e conservar somente as que forem convenientes, após apuração discreta e judiciosa. Preferir as companhias que demonstrem, na conduta de todos os dias e em todos os atos, bons costumes e bons sentimentos; boa educação e respeito para com todas as pessoas, sem distinção de cor, classe ou riqueza; que possuam ideias pacíficas e construtivas: bom ânimo e sinceridade.

Conversas ruins, maliciosas, tendenciosas; maledicentes, emprego de termos baixos; anedotas grosseiras e imorais; gestos brutos e violentos, tudo isto indica sentimento primário, maus costumes, maus instintos, de pessoas cuja companhia devemos dispensar.

É claro que não se trata de desprezar, negar auxílio, fugir ao dever de caridade, ao espírito de fraternidade, mas simplesmente não manter intimidade, convivência, relações afetivas e sociais permanentes, porque devemos valorizar o nosso tempo, empregando-o o melhor possível, tentando, dia por dia, hora por hora, melhorar o nosso padrão de conhecimentos, o teor vibratório, o campo dos sentimentos, a pureza da mente e do corpo, a correção dos atos; e não será com más companhias que conseguiremos conquistar e manter coisas tão difíceis numa vida tão curta.

Cada um de nós ocupa na sociedade o lugar que lhe é próprio, segundo sua categoria, sua profissão, suas qualidades pessoais, mas sobretudo, segundo o programa de sua atual encarnação, para a realização do qual deve-se até mesmo examinar as afinidades para manter intimidades pessoais.

Mesmo tratando-se de pessoa socialmente elevada ou poderosa não nos servirá para companhia quando, espiritualmente, demonstre caráter inferior, sentimentos baixos, mundanos e egoístas ou exclusivistas, porque na certa exercerá sobre nós, sobretudo quando jovens e inexperientes, perniciosa influência.

Vigiar sempre para evitar as tentações provocadas por essas companhias ou relações, mesmo quando simplesmente sociais, bem como outras, inumeráveis, que o mundo oferece, e principalmente em relação ao sexo oposto, que atrai como ímã, por afinidade vibratória simplesmente carnal e que, em certos casos, enfraquecem as resistências mais íntimas, prejudicando o esforço custoso e demorado da reforma interna, indispensável ao progresso espiritual pela evangelização.

Esta é, apesar dos preconceitos e hábitos da maioria, a conduta reta e certa, para aqueles, é claro, que possuem o ideal elevado de aperfeiçoar-se moralmente para evoluir mais depressa.

54
Choque de Retorno

É a designação popular de um fenômeno natural das práticas espirituais, segundo o qual revertem para o autor, os malefícios que endereçar a outrem.

Nos atendimentos para eliminação de traumas psíquicos provenientes de influenciações inferiores e maléficas, há sempre interferência de benfeitores espirituais que acodem e, com auxílio de correntes magnéticas, agem eliminando os malefícios.

Há casos que requerem recursos naturais como água de fontes, de lagos, de rios, do mar; de plantas de jardins ou de florestas como, ainda, de sonoridades musicais e muitos outros.

Os benfeitores aproveitam esses recursos nos trabalhos de limpeza dos perispíritos dos doentes e eliminação das fixações produzidas por vários motivos, como sejam: ódios pessoais, vinganças, luxúria, medo, etc., e os combatem vitoriosamente, desde que não haja servidões cármicas, sempre respeitadas.

Após isso, os fluidos doados e os remanescentes, são atraídos de novo às suas fontes de origem, naturais ou humanas, para que não sobrem, mormente no caso de resíduos fluídicos, quase sempre prejudiciais.

Da mesma forma procedem na neutralização de trabalhos maléficos, provocados por pessoas ou agrupamentos, em terreiros ou macumbas, agindo os agressores por fixações mentais próprias, ou com auxílio de Espíritos ignorantes e maldosos, que sempre atendem nesses casos e agem exigindo retribuições.

Mas, em qualquer hipótese, há sempre retornos, que podem se dar em várias circunstâncias, como por exemplo:

1) a vítima visada, possuindo cobertura espiritual suficiente, não é atingida e, neste caso, os fluídos maléficos movimentados pelo agressor, voltam à origem, atingindo a este, assim como uma onda de radar volta ao transmissor;

2) a vítima possui perispírito suficientemente luminoso, como reflexo de virtudes próprias, caso em que, da mesma forma, não é atingida e os fluídos voltam, de retorno ao agressor;

3) a vítima é acessível, por falta de cobertura espiritual, ou por possuir sentimentos inferiores ou negativos, afins com as vibrações maléficas: neste caso os fluídos aderem ao perispírito da pessoa visada e produzem os malefícios desejados pelo agressor.

Estas são as alternativas mais comuns.

Na sua atividade maléfica e irresponsável, os agentes destas práticas condenáveis, lançam mão, também, de **elementais**[9], seres passivos e inconscientes, habitantes do umbral inferior, jogando-os contra as vítimas. Se estas têm cobertura suficiente, estes seres não podem agir e, neste caso, voltam ao operador e agem então contra ele, no mesmo impulso que os levou a se movimentarem.

Se, na outra hipótese, o agente agindo com Espíritos ignorantes, projeta-os contra a vítima, com resultados não satisfatórios e, por isso, nega-se a satisfazê-los nas promessas feitas de fumo, álcool e outros atrativos costumeiros, eles se rebelam e, da mesma forma, voltam-se contra ele porque se transformam em cobradores do preço do seu trabalho. Nestes casos aplica-se exatamente o provérbio popular que diz que o feitiço se voltou contra o feiticeiro.

A Doutrina Espírita, esclarecendo estes problemas, ao mesmo tempo declara que tais práticas são proscritas aos adeptos, porque o que se deve ao próximo é sempre o bem e não o mal, em nenhuma circunstância.

[9] No capítulo 14 de *Mediunidade*, o autor detalha o assunto. (Nota da Editora)

55
A Lei Maior

O amor é uma lei universal, a mais universal de todas as leis, podendo, mesmo, dizer-se que é a primeira e a maior de todas elas, na qual todas as demais se geram e se fundem, porque a fonte do amor está em Deus.

Em todas as manifestações da vida há uma expressão viva dessa lei, ou melhor, todas as manifestações são expressões da lei.

Há, incontestavelmente, um princípio universal criador, único na essência, na existência, no poder e na sabedoria.

Olhando o mundo fenomenal que nos rodeia, é clara e intuitiva a presença da Divindade por detrás de tudo. Doutra parte percebemos que tudo é perfeito no Universo; e, pois, é forçoso remontar com o pensamento à causa primeira, da mesma forma perfeita, completa, infalível e eterna.

Analisando as manifestações tão variadas da vida, mesmo quando somente nos limites marcados pela nossa imperfeição, mesmo assim torna-se evidente, irrecusável, a existência do Criador e suas sobre-humanas condições, que só se poderiam impor e perpetuar:

1) se proviessem de um princípio ou ser perfeito, infalível, imutável;
2) que tivessem base em leis de vigência para todos os seres e coisas;
3) que esse princípio ou ser em tudo e em todos se manifestasse e lhes fosse atributo inerente, potencial e em todas as circunstâncias e tempos desse testemunho de si mesmo;
4) não dependesse de nenhum outro poder, princípio ou lei.

Ora, o amor tende à unidade em tudo e, por força dele (que é atributo inseparável do Criador) é que existem os mundos e os seres que neles vivam.

O ser humano tem uma parte de si mesmo ligada ao mundo físico e outra, e principal, ligada ao mundo espiritual, mas só se realizará, ascendendo na evolução, quando se sobrepuser à primeira e integrar-se nos mundos divinos; a ascensão, entretanto, fica dependendo da capacidade que revelar, de externar de si mesmo, o elemento divino que, por amor, desceu do Alto e, por amor, se fez homem.

Em todos os reinos da Natureza esta lei se comprova pela atração dos seres entre si, pela entrega e fusão recíproca que gera outros seres.

O pólen que o vento carrega e deposita na corola das flores e os minerais que, na obscuridade, emitem raios que se procuram, ou quimicamente se combinam, formando novos corpos, são manifestações dessa lei.

Assim, da mesma forma, nos espaços infinitos, os mundos, girando, permutam luz e calor, e nos charcos da Terra, animais repugnantes ou minúsculos, se acasalam e se protegem reciprocamente; como nos desertos e nas florestas, também o fazem as feras sanguinárias.

Porque tudo foi feito com base na lei do amor, que é a força que está na essência de tudo o quanto existe, na própria origem e nos motivos mais sublimes da Criação Divina.

56
CAMINHOS ERRADOS

É de conhecimento geral que a humanidade veio das trevas da barbárie para as luzes da civilização. Esta evidência ocorre primeiramente no sentido material, evoluciona para o intelectual e completa-se quando se integra no campo moral, que aqui na Terra, como em toda parte, representa o ponto mais alto da evolução.

O normal seria que esses três estágios se desenvolvessem em sintonia e equilíbrio, o que infelizmente, em nosso globo, não acontece, havendo nas esferas dirigentes, hipertrofia do intelecto em relação ao sentimento.

Aqui o setor intelectual evoluiu mais depressa, escalando pontos altos nos mistérios do mundo atômico, tentando o intercâmbio direto com os demais orbes do sistema; enquanto o espiritual diversificou-se, formando centenas de cultos diferentes e muitas vezes oponentes, não avançando, como seria de desejar, para acompanhar a evolução material do globo, cujos minerais já estão entrando na fase de volta à energia.

Encarando, porém, o problema de outra forma, vemos que não poderia ser diferente a situação porque os homens, tendo vindo de condições rudimentares no mundo animal, ainda sofrem muitos dos impulsos e necessidades desse plano inferior e não conseguiram ainda aprimorar o sentimento, no mesmo passo em que aprimoram a inteligência.

Desenvolveram mais amplamente esta última, até atingir nas elites, a situação de hoje, que é já de amplo domínio intelectual sobre leis e forças naturais, em detrimento do fator espiritual, que exige o culto a Deus — o Criador Supremo — e desse desequilíbrio o mundo se ressente pela falta de harmonia, paz e entendimento, encontrando-se ainda em estado precário de espiritualidade.

E como a parte espiritual é predominante na evolução humana, os homens não têm condições de se libertarem da inferioridade e manterem o ritmo ascensional indispensável à sua redenção, visando uma vida melhor na futura Terra renovada.

Suprimidas agora as distâncias e facilitadas as comunicações, estreitaram-se de tal forma os vínculos sociais, que o índice de fraternidade deveria agora ser muito maior que o existente, o que não ocorre e prova que o desenvolvimento da inteligência isoladamente não basta para o progresso espiritual humano.

O que se vê são hostilidades recíprocas de povos e nações, com desprezo do desenvolvimento da fraternidade universal, enquanto a ciência materialista, negando o Espírito, dificulta a expansão dos conhecimentos e da vivência espiritual.

É verdade que várias tentativas têm sido feitas para unir os homens, mas, no sentido de vantagens materiais; diariamente assinam-se convênios que unicamente representam um simples jogo de interesses, de hegemonias e de sobrevivência das nações mais fortes.

Há uma comunhão ilusória, uma aparente harmonização, mas tudo desaparece ao menor sinal de desentendimento, porque não há alicerces morais de sustentação e Deus ali está sempre ausente.

Cheios de conquistas e altamente civilizados no terreno material, caminham os homens para o grande ato dos acertos finais, como cegos se aproximando de abismos, esquecendo-se de que o desgaste desse imenso cabedal de belicosidade que os anima, redundará na miséria coletiva, na degradação, no regresso às condições anteriores de animalidade.

Somente após essa prova, poderá o Plano Espiritual intervir, selecionando os elementos capacitados a um convívio fraterno, em um mundo mais evoluído, saneado de maldades, apto à vivência dos princípios de vida espiritual apontados por Jesus e que, aliás, são justamente os motivos de todos os esforços encarnativos.

Só então haverá paz, harmonia social, fraternidade, amor recíproco, porque então o que vai prevalecer será justamente o setor agora desprezado com os princípios redentores consignados nos ensinamentos do Divino Mestre.

57
RUMOS CERTOS - I

Na difusão do Evangelho o labor de poucos, como uma charrua, lavra o campo, na preparação da redenção de muitos.

E, nas madrugadas festivas, o grão semeado brota, abençoado por Deus, para alegria dos famintos que em ondas afluem, umas após outras, rumo aos prados floridos, sazonados dos mundos etéreos.

E cantam alegrias nos céus os anjos do Senhor, por verem como a semeadura floresceu e se multiplicaram os grãos, trazendo fartura na Terra aos necessitados de amor e de luz.

Este é o quadro de espiritual beleza que bordam, com amor e devoção, os trabalhadores humildes que, nos templos acolhedores, espalham as alegrias do Evangelho santo.

58

Rumos Certos - II

Na vida espiritual nada recebemos de graça, do necessário ao nosso progresso, desde quando, como homens, conquistamos o livre-arbítrio e a capacidade da razão.

Para que haja mérito é necessário que o nosso esforço seja feito com autodeterminação, visando um fim justo e nobre, no campo fecundo do amor universal.

E as armas para essa luta são, duma parte, o conhecimento da vida espiritual, das responsabilidades individuais que ela acarreta e, de outra, a orientação perfeita das atividades no sentido do Bem.

Tudo isso as escolas espíritas de evangelização oferecem aos seus aprendizes e assim os armam de recursos preciosos para a conquista de uma vitória certa, através de uma vida útil, dignificante, tendo o Evangelho como norma de ação.

Nela ingressando estarão eles construindo por si mesmos um futuro de radiosa felicidade espiritual.

E para isso é que viemos ao mundo, a saber: para nos espiritualizarmos.

59
RUMOS CERTOS - III

Nas Américas, o Espiritismo Evangélico apenas desponta, iniciando seus primeiros passos, e seria de todo indispensável que estes sejam dados com segurança, visando metas verdadeiras, não ilusórias, face aos ensinamentos do Divino Mestre Jesus.

Dobrado será o mérito dos que realizarem este trabalho, porque terão sido pioneiros de um benéfico cometimento religioso e redentor.

Mas, para que haja êxito, os esforços devem ser feitos acima das inferioridades humanas, os trabalhadores se sobrepondo a elas no domínio de suas paixões, defeitos, vícios e impulsos menos dignos, alimentados pelos instintos inferiores ainda não eliminados do psiquismo humano.

As grandes obras espirituais foram feitas com sacrifícios pessoais, e seus realizadores, via de regra, nessas tarefas jamais colhem frutos materiais de seus esforços sendo, muito ao contrário, combatidos, desprezados e até mesmo, como na antiguidade, perseguidos e mortos.

Assim foi com os missionários de todos os tempos, em todos os lugares; e com Jesus, o doce e amorável profeta galileu, também o foi, não fugindo à regra.

Mas, quando o trabalho é feito visando recompensas imediatas, materiais ou espirituais, quase sempre não frutifica no tempo porque, qualitativamente se desmerece, por trazer em si mesmo, os estigmas da ambição e do orgulho próprios do homem inferior.

Edifiquemo-nos todos, líderes e trabalhadores, nesses expressivos e comoventes exemplos do passado, sacrificando-nos pela obra comum que temos em mãos, sem qualquer ideia de recompensa terrena, ambição menos elevada de posição, cargos ou vantagens; devotemo-nos sem qualquer desejo de notoriedade ou destaque, pois tudo são valores que passam, como tudo o mais que faz as grandezas efêmeras da vida nos mundos inferiores; esperemos unicamente que revertam em nosso favor, com a alegria do dever cumprido, as consequências benéficas dos nossos atos em relação aos nossos semelhantes e os valores intrínsecos que hajam produzido no nosso campo interno, no sentido da melhoria espiritual. Esse é o maior pagamento.

Se assim procedermos, na certa que teremos êxito, porque poderemos, então, contar com a imensa cobertura das legiões de Espíritos Benfeitores, que lutam nos espaços pela redenção desta humanidade sofredora e inquieta.

60

RUMOS CERTOS - IV

Se cerrarmos os sentidos às tentações, que vêm do mundo material que nos rodeia, do nosso próprio interior e dos Espíritos inferiores e maldosos que trabalham contra a difusão da luz eterna, redentora do mundo impiedoso e bruto, na certa que teremos êxito.

Se cerrarmos os ouvidos às palavras enganosas daqueles que, dizendo--se companheiros e irmãos, são-no somente na aparência, porque somente enxergam e aceitam, dos ensinamentos aquilo que lhes convém, furtando-se aos esforços mais profundos de melhoria espiritual, na certa que teremos êxito; mas, caso contrário, por mais que o desejemos, por mais que nos dediquemos ao trabalho, este não será satisfatoriamente produtivo no sentido espiritual e o Plano Superior nos verá sempre de mãos quase vazias, porque as realizações espirituais não são simplesmente teorias, por mais hábeis e fascinantes que pareçam ser.

O importante, pois, é produzir trabalho adequado, com orientação exata, nos caminhos certos.

Isso evitará perda de tempo, de energias preciosas, inquietações e dúvidas e assegurará ao trabalhador o salário justo, segundo o julgamento dos poderes espirituais que nos governam e assistem.

61
Metas Principais

Observando o passado, vemos que em todos os tempos o povo sempre achava que "as coisas iam mal", a vida se apresentando cada vez mais difícil e tormentosa. Por quê?

Porque à medida em que se aglomeravam em vilas e cidades, criavam--se problemas novos, somavam-se defeitos, dificultavam-se as soluções, preocupavam-se os homens cada vez mais com o tempo e se afastavam cada vez mais da Natureza e das leis de Deus; porque a concorrência vital exacerbava os impulsos dos instintos e o que permutavam entre si com mais espontaneidade eram sentimentos inferiores de hostilidade, agressividade.

Mas, é o caso de se perguntar: os homens, unindo-se, não caminhavam mais facilmente para a fraternização?

Resposta: caminhariam, sem dúvida, se desde o momento em que se lhes despertou a razão e o livre-arbítrio, tivessem sido orientados nesse sentido e no da eliminação dos impulsos de animalidade geradora do egoísmo, para que pudessem vencer esse defeito ancestral, mas não foi assim.

E as coisas não mudaram muito no mundo atual, acrescentando-se ainda a herança das inferioridades não combatidas e o desenvolvimento delas pela multiplicação das necessidades.

Daí a importância das doutrinas que têm como objetivo esclarecer e ensinar a combater esses estigmas de vida animalizada e bárbara.

As babilônias de todos os tempos, como o próprio nome o indica, seriam o campo mais propício para o exercitamento dos sentimentos de fraternidade, porque aí os fatos sucederiam com mais rapidez pela maior aproximação e frequência, multiplicando-se nos seus diferentes aspectos, modalidades e proporções, quer dizer: campo mais favorável para as experiências, os estudos, as provas, e conclusões. Mas sucede justamente o contrário, como já dissemos, por falta de compreensão íntima dos problemas, falta de capacidade de desprendimento e insuficiente organização social para a fraternização.

Porque a fraternidade, se não existir nos corações, como fruto de evolução interior, não se fará unicamente pela aproximação das pessoas, mesmo quando ligadas por laços de sangue e de nacionalidade: depende sobretudo de conhecimento espiritual e formação evangélica a serem adquiridos no momento exato.

O Espiritismo educa as almas para essa fraternização, oferecendo-lhes um ideal maior antes que as aproxime materialmente e as edifica no Evangelho de Jesus, que exige de cada ser humano transformações morais e testemunhação.

Para colaborar na solução deste problema vital, organizaram-se, a partir de 1940, as bases e as seguranças de uma cristianização verdadeira, com exigência das referidas transformações, que culminaram na Escola de Aprendizes do Evangelho, criada em 1950.

Essa organização, já provada pelos anos e pelos resultados alcançados, é um convite permanente aos simpatizantes e profitentes da Doutrina, que desejam apressar sua evolução, praticando um Espiritismo sadio, de aval evangélico e positiva capacidade espiritualizante.

A fase atual do Espiritismo, em plena expansão, exige que o momento de renovação que ele representa seja conduzido com superioridade de vistas, rumando para alvos colocados muito acima de uma atividade rotineira e superficial, que não se coaduna com sua finalidade essencial de redenção humana.

Para que o Espiritismo alcance seus objetivos, realize sua transcendente tarefa no planeta, é preciso que os espíritas, em sua maioria, mas sobretudo os líderes, demonstrem competência e capacidade realizadora, devotem-se à evangelização para adquirirem autoridade moral e cobertura espiritual e se transformem em combatentes corajosos, capazes de dar as exemplificações exigidas pela própria luta.

O êxito será alcançado com base neste trinômio: instrução, reforma íntima e trabalho.

62

TEMPLOS E RELIGIÕES DA ÍNDIA

A velha Índia é País de templos inumeráveis.

O maior de quantos no mundo existem está situado ao sul, na ilha de Srirangau, junto ao rio Carveri. Suas paredes exteriores medem mais de três quilômetros de comprimento. Possui sete espaçosos pátios concêntricos, uma sala de mil colunas e quinze torres de 20 a 30 metros de altura cada uma.

É uma portentosa construção e uma verdadeira cidade, pela capacidade dc conter multidões de crentes.

Há milhares de templos no território nacional como, também, cidades sagradas, dentre as quais Benares, Alahabad, Mutra Nasik, Bridaban, Ajodhia e outras muitas, que são visitadas anualmente por centenas de milhares de peregrinos, que ali vão para se banharem nas águas dos rios, permanecerem à sombra de suas colunas, purificarem-se de suas imperfeições e adquirirem conhecimentos novos sobre as verdades espirituais, através da palavra de mestres de notório prestígio, não teóricos, mas exemplificadores.

Assim, como os templos e as cidades, os rios, vários deles, são também considerados sagrados e dentre todos destaca-se o Ganges.

Benares é dentre as cidades a mais respeitada e venerada.

Possui, somente ela, 3 mil templos, dedicados à religião hindu ou bramânica — religião nacional — cujo chefe espiritual foi o missionário Krisna; possui para mais de 400 milhões de adeptos, além de outras religiões, porque o hindu goza de liberdade de cultura a Deus da forma que desejar.

Outra religião importante é a dos muçulmanos, povo do Oriente Médio, na Ásia Menor, que invadiu a Índia, no século XI, e nela se estabeleceu, fundando uma comunidade religiosa poderosa e respeitada, mais pelos valores sociais e econômicos que pelo número de adeptos, que não vai muito além de 100 milhões.

Há outras seitas religiosas dentre as quais citamos o Jainismo, fundado 500 a.C. e muito semelhante ao hinduísmo; o Siquismo, fundado com o intuito de estabelecer um elo religioso entre os hindus e os muçulmanos, e cujo número não vai além de 4 a 5 milhões; os Parsis, adeptos da religião zoroastrina, que emigraram da Pérsia, também fugindo de uma invasão árabe; seu número não vai além de uma centena de milhares, mas são muito influentes na vida social e também econômica do País, tendo sua sede na cidade de Bombaim, na costa ocidental.

Os Parsis conservam até hoje o costume religioso de entregar seus cadáveres aos abutres, nas chamadas Torres de Silêncio, enquanto que os hindus adotam a cremação e os muçulmanos o enterramento, como os ocidentais.

Outra religião de grande importância nacional e internacional é o Budismo, que tem base religiosa nos ensinamentos pregados por Sidarta Gautama, que se opunha aos formalismos do bramanismo e é também considerado uma encarnação crística. A vida de Buda e sua campanha religiosa tiveram larga repercussão na Ásia e ainda a conservam, possuindo para mais de 500 milhões de adeptos espalhados pelo mundo.[10]

[10] Ver o livro *Religiões e Filosofias*, do mesmo autor, para enriquecimento do assunto.(Nota da Editora)

63
As Esfinges

No capítulo dos templos podemos também incluir a Esfinge do Egito, construção milenária, pré-histórica, como as pirâmides.

As esfinges em geral são seres mitológicos com corpo de leão ou outro animal e cabeça de homem, de mulher, ou de um deus.

São representações simbólicas e há inúmeras delas em diferentes países, diferindo umas das outras no tipo da construção e na imagem construída.

As esfinges egípcias são masculinas e sua simbologia varia: em algumas a cabeça reproduz as feições de faraós, seu corpo representando a força e a nobreza, a grandeza real e a majestade; em outras, como as de Karnak, onde existem centenas delas, a cabeça de carneiro simboliza o deus Amon, ou o deus Orus, quando a cabeça é de falcão.

Na Grécia as esfinges possuem asas; são seres maléficos, de aspecto sempre monstruoso. Seu tipo comum é a esfinge de Tebas, que fazia ponto nos arredores dessa cidade e estrangulava todos aqueles que deixassem de responder com acerto as perguntas que lhes dirigia.

Sua existência formou a lenda de Édipo, filho de Laio, rei de Tebas, que defrontou o monstro e foi-lhe por este perguntado: qual é o ser que de manhã anda com quatro pés, ao meio-dia com dois e à noite com três? Tendo Édipo respondido acertadamente que se tratava do homem (que engatinha quando criança, anda com dois pés quando cresce e com um cajado quando velho), a esfinge desesperada matou-se, atirando-se de um penhasco ao mar.

Na Assíria e na Babilônia, havia também esfinges com asas, corpos de leão ou de cão e cabeça humana, representando demônios.

Na Índia há a esfinge do deus Ganesha, com corpo de homem e cabeça de elefante, semelhantemente à Grécia, onde havia os monstruosos centauros, com corpo de cavalo e cabeça de homem.

Entre os Maias, na América Central, também encontram-se em ruínas, monstros semelhantes a esfinges.

De todas elas, porém, as mais perfeitas e famosas são as do Egito, estando conservada em Mênfis a mais bela de todas, feita de alabastro, que permite ainda o exame completo de suas linhas arquitetônicas, enquanto que a mais grandiosa e imponente delas está no deserto de Gizé, junto à cidade do Cairo, capital nacional e que, segundo consta, representa o faraó Kefren, que viveu 5 mil anos antes de Cristo.

As colossais dimensões dessa esfinge e sua extraordinária resistência à ação devastadora do tempo, das intempéries, e aos instintos destruidores de vários povos conquistadores, como assírios, romanos e muçulmanos, que invadiram e conquistaram o país em várias épocas, tornam-na um dos mais autênticos e respeitáveis monumentos do mundo.

Esse monumento é um templo que, no seu simbolismo, representa a chispa divina original, que transita, evoluindo, através dos reinos da Natureza; o mineral representado pelas pedras da construção, o animal, pelo corpo de leão e o humano pela cabeça, que é vista coroada por uma espécie de touca, que simboliza a inteligência e a sabedoria.

Segundo ainda a tradição espiritual de nosso tempo, confirmada mediunicamente, os antigos egípcios, construtores dos ciclópicos e majestosos monumentos que são a esfinge e as pirâmides, que na Terra ficaram como testemunhos de sua passagem, são povos descendentes dos exilados da Capela[11], o belo astro da Constelação do Cocheiro, dali expulsos por se haverem tornado incompatíveis com o elevado padrão evoluído daquela humanidade.

---

[11] Sobre este assunto o autor escreveu o best-seller *Os Exilados da Capela.* (Nota da Editora)

64
Forma dos Espíritos

O espírito é uma centelha de luz emanada de Deus.

Ao ser destacada da fonte geradora, faz parte de uma onda criativa; não tem forma definida, não é individuada; entretanto, logo após, é envolvida pelo fluido universal, substância plástica fundamental manipulada pelos Espíritos criadores das formas, cai na corrente descensional involutiva e é arrastada para esferas vibratórias sucessivamente mais densas, onde vai se envolvendo dos elementos fluídicos constituintes dessas esferas.

Esta é a *queda original* que leva a centelha até os pontos mais baixos do mundo material, o reino mineral, onde ela estaciona por tempo indeterminado, ficando adstrita aos seus imensos conglomerados, que formam a estrutura granítica do globo.

Esse é o ponto em que ela inicia o movimento contrário ascendente, de retorno aos planos de origem.

Nesse reino mineral, sem forma definida, como parte do agregado, evolui por milênios, nas diversas famílias dos cristais, fazendo as experiências rudimentares de sensibilização, até que se transfira para o reino vegetal.

Neste reino, onde já existe substância organizada, o processo de sensibilização se acentua e a centelha adquire, ainda em conjunto, a forma das células vegetais, que passa então a animar.

Ao invés de simplesmente adstrita está ela agora integrada em um sistema orgânico, com forma celular já definida, podendo acumular experiências um pouco mais livremente, em agrupamentos especializados.

Passando em seguida ao reino animal ganha, a partir de certo ponto, independência e se individualiza e, ao invés de célula de um conjunto, passa a ser indivíduo polarizador de um conjunto, com muito maior teor de sensibilidade anímica.

Daí transfere-se para o reino humano e após as necessárias transformações psíquicas no Plano Espiritual, anteriores à encarnação, para adquirir razão, livre-arbítrio, etc., apresenta então a forma humana, com o envoltório fluídico correspondente, como a conhecemos neste nosso globo e em outros onde essa forma seja a mesma.

A partir desse ponto, sempre evoluindo, a centelha atinge as esferas espirituais super-humanas, onde pode tomar as formas que desejar, nas mutações necessárias às atividades ou tarefas que execute e para as quais utiliza o mesmo fluido fundamental plasmável que lhe é de fácil manipulação.

Nas suas manifestações, a centelha se apresenta nas mais variadas formas exteriores porque é um ser evoluído, mais perfeito, poderoso e sábio, uma organização luminosa, sublimada, que nesses pontos altos da ascensão já colabora com a Divindade na administração espiritual do Cosmo.

65

Ortodoxia Prejudicial

A ortodoxia é sempre útil e necessária quando se trata de preservar conhecimentos e organizações estruturais de quaisquer atividades humanas, mas torna-se prejudicial quando retarda, estratifica, congela e inibe o desenvolvimento do conjunto geral das obras.

Como sucede em todas as correntes religiosas e filosóficas, há também no Espiritismo confrades e agrupamentos que, conquanto animados de boa vontade, tornam-se, entretanto, excessivos porque, pelo excesso ortodoxo de conservação do existente, muitas vezes, mesmo já superado, impedem o acesso ao novo, retardam o progresso geral e criam embaraços à difusão doutrinária, embargando as expansões naturais e sadias.

São trabalhadores que evoluíram até certo ponto, no dizer de um respeitável instrutor espiritual, e recebem agora oportunidades de cooperação mais proveitosa em linhas de ação mais avançada, mas que, ainda espiritualmente imaturos, tentam impor à comunidade os sentimentos que ainda possuem de personalismo e rotina, as tendências velhas do sectarismo anterior; incapazes de compreensão mais ampla e arejada, não levam em conta o fluxo dos conhecimentos espirituais, resultado da própria evolução.

Há também os que são assim, mas evitam se tornar entraves; e outros, ao contrário, que lutam por impor-se, fazendo valer sua maior capacidade intelectual, ou posição social, ou o próprio devotamento e criam dificuldades sérias à difusão, nos seus desdobramentos naturais e necessários. São aqueles aos quais o Evangelho se refere dizendo: "que ficam à porta, não entram e não deixam entrar"; temem as verdades novas, indispensáveis ao esclarecimento dos Espíritos que se movimentam com mais rapidez e capacidade na evolução irresistível.

Em relação a estes é bom relembrar os ensinamentos do egrégio Codificador da Doutrina, cuja visão larga e profunda, previu os percalços que a expansão encontraria nos passos difíceis dos seus primeiros tempos, antes que se fixasse, de forma segura e ampla, nos alicerces do entendimento definitivo e unânime.

A ortodoxia, quando exagerada e intolerante, infringe os próprios princípios fixados na Codificação, dentre os quais citamos os seguintes, em transcrição literal:

"1) O Espiritismo, avançando com o progresso, jamais será ultrapassado, porque se novas descobertas lhe demonstrarem que está em erro acerca de um ponto, ele se modificará nesse ponto; se uma verdade nova se revelar, ele a aceitará (*A Gênese*, de Allan Kardec, cap. I, pág. 35).

2) Pelo fato de a Doutrina não se embalar em sonhos irrealizáveis, não se segue que se imobilize no presente. Apoiada tão só nas leis da Natureza, não pode variar mais que essas leis; mas se uma nova lei for descoberta, colocar-se-á de acordo com essa lei.

Não lhe cabe fechar a porta a nenhum progresso, sob pena de se suicidar. Assimilando todas as ideias reconhecidamente justas, de qualquer ordem que sejam, físicas ou metafísicas, ela jamais será ultrapassada, constituindo isso uma das principais garantias de sua perpetuidade.

3) Se, portanto, uma seita se formar à ilharga do Espiritismo, fundada ou não em seus princípios, de duas uma, ou essa seita estará com a Verdade, ou não estará; se não estiver cairá por si mesma, sob o ascendente da razão e do senso comum, como já sucedeu com tantas outras, através dos séculos; mas se suas ideias forem acertadas, mesmo que em relação a um único ponto, a Doutrina, que apenas procura o bem e o verdadeiro, onde quer que se encontre, as assimilará, de sorte que, em vez de ser absorvida, absorverá.

4) Não será, pois, invariável, o programa da Doutrina, senão com referência aos *princípios* que hoje tenham passado à condição de verdades comprovadas. Com relação aos outros, não os admitirá, senão a título de hipóteses, até que sejam confirmados. No estado de imperfeição em que se acham os nossos conhecimentos, o que hoje nos parece falso, pode amanhã ser reconhecido como verdadeiro.

5) O sentido progressivo que ela inscreve no seu código será a salvaguarda de sua perenidade e a sua unidade se manterá, exatamente porque ela não se assenta no princípio da imobilidade. Esta, longe de ser uma força, se torna causa de fraqueza e de ruína para *quem não acompanha o movimento geral*; quebra

a unidade porque os que querem avançar se separam dos que persistem em ficar atrás. *Obras Póstumas*, págs. 313 a 316.

Após estas considerações sábias e categóricas do insigne Codificador Kardec, não há pois lugar, na difusão da Doutrina, para os exclusivismos e as inibições da ortodoxia exagerada, de caráter pessoal, por mais bem intencionados que sejam aqueles que as adotam muitas vezes supondo estarem pugnando pela sua conservação.

66

As Duas Colunas

A Índia é a região do mundo onde as tendências e as preocupações de ordem religiosa, mais influência exercem sobre o povo.

A força da vida espiritual ali se concentra como em nenhuma outra parte; no recesso das florestas e nas savanas, nas aldeias humildes e nas grandes cidades, essas tendências têm uma expressão única e se gravam fundo, com um colorido muito diferente de outras regiões e outros povos não dotados do mesmo anelo espiritual, do mesmo desprendimento em relação ao mundo transitório da matéria, povos mais materializados, muitos deles sem passado nesse nobre setor do espírito, onde tudo é luz, cor, vibração, sentimento, beleza e fé.

E como é farto esse lendário País em reminiscências psíquicas, para os que tiveram a ventura de ali encarnar alguma vez! E ricos os detalhes dos quadros siderais dessas reminiscências!

Por mais que a sofisticada e materializada civilização moderna tente penetrar no velho reduto, por mais que os viciosos e exóticos costumes atuais o sitiem e ameacem, o povo que ali vive permanece calado, alheio aos tumultos exteriores, imobilizado na contemplação do passado, aferrado às tradições ancestrais milenárias.

Não fossem os recalques que sofreu pelas dominações estranhas que a História registra e que ainda agora se repetem, no bojo de ideologias dominadoras e o abastardamento dos seus mais caros bens espirituais, mais firme ainda estaria esse povo na defesa dos seus ideais religiosos.

O mesmo, aliás, não sucedeu no velho Egito, onde o presente não mais reflete o passado glorioso e onde a vida espiritual não tem mais expressão e os mais lendários monumentos nada mais representam que atrações turísticas.

Que é feito dos templos veneráveis de Om, Luksor, Saís, Abidos, Karnak, Tebas e outros que guardavam as tradições milenárias da evolução espiritual do Mundo?

E o mesmo também não acontece na sagrada Palestina, onde raros e apagados estão os vestígios dos passos de Jesus, nas suas andanças messiânicas? E mais raros ainda os caminhos que levavam aos santuários essênios, que deram ao Divino Enviado, do principio ao fim de sua vida tormentosa, o amparo e o aconchego de que carecia para a execução de sua gloriosa tarefa de redenção humana?

O tempo passou e o pó do esquecimento cobriu a pedra dos monumentos e apagou a memória dos homens. Por isso, as vibrações espirituais do plano mais alto, transferiram-se, de há muito, para o imenso Brasil e o impulsionam, através de reencarnações promissoras e de condutores abnegados, para um destino glorioso de liderança sobre um povo dotado de sentimentos delicados e amorosos, que vem se aglutinando à sombra do Espiritismo, na revivescência do Cristianismo Primitivo.

Na realidade e olhando mais fundo, percebe-se que esses dois grandes países, a saber, a Índia, malgrado sua mitologia popular mal compreendida e o Brasil, na força do seu caldeamento etnográfico em franca ebulição, oferecerão os maiores contingentes humanos para a formação da futura humanidade do planeta regenerado, tornando-se suas principais colunas de sustentação para novas e mais avançadas conquistas espirituais.

67
Reação Oportuna

Após 3.500 anos de revelações de códigos de vida moral, com Moisés e com Jesus, os homens continuam a manifestar, com pequenas diferenças, o predomínio das inferioridades que esses códigos vieram condenar.

Após Jesus, o cristianismo, que possuía em si mesmo a essência de uma sabedoria perfeita de conduta e de ação e que assim se conservou durante quase três séculos de lutas e sacrifícios, foi transformado em religião oficial e mundana e cindiu-se séculos mais tarde, no mundo ocidental em dois ramos hostis, um atendo-se rigidamente à letra das escrituras e outro às exterioridades do culto; o primeiro aprazendo-se nas habilidades das interpretações literais e o outro nas grandezas e pompas e ambos esquecendo-se das advertências do Divino Mestre — na sua admirável previsão das coisas do futuro — quando disse que não adiantaria fazer remendo novo em roupa velha, porque o essencial era criar homens novos, transformados moralmente às luzes do Evangelho.

Como consequência dessa inobservância fundamental os homens não se afastaram dos cultos aparenciais e das crenças dogmáticas perpetuando-se as tendências de ódios, ambições, violência, guerras e misérias incompatíveis com os sentimentos de fraternidade que deviam irmanar os homens em torno de Deus; por esse motivo e em grande parte, o Evangelho cristão, no seu verdadeiro sentido cósmico, não se estendeu pelo mundo como devera.

Mas com o aparecimento, em meados do século passado, da Doutrina dos Espíritos — que é a terceira e última revelação deste período cósmico — sanou-se a falha e novas esperanças surgiram de uma integral espiritualização da humanidade em torno dos ensinamentos cristãos autênticos.

Conquanto as primeiras atividades doutrinárias após a Codificação fossem moderadas, por circunstâncias compreensíveis e naturais, sobretudo pelo vulto do empreendimento, a difusão foi sendo feita lentamente, mas com firmeza, contando com o poderoso apoio do Plano Espiritual, em dois sentidos diferentes mas complementares, nos setores científico e filosófico da Doutrina, o primeiro deixando-se embevecer na fenomenologia necessária à autenticação dos ensinamentos e, o segundo, nos encantos da palavra escrita e falada, rivalizando-se ambos nos esforços da propagação.

Mas, passado um século, transposto esse período preliminar de apresentação e de autenticação, verificou-se que o problema fundamental não fora solucionado, porque o setor religioso, no momento o mais relevante e o único que poderia operar nos homens as transformações morais exigidas pelo Evangelho, para que se tornassem homens novos, fora relegado a uma terceira posição, inexpressiva e de produção precária.

Mas, por fim, surgiu o movimento saneador da falta, com a indicação do caminho definitivo, e o *estabelecimento de bases educativas, eficientes para a evangelização dos adeptos* (com base sobretudo na Escola de Aprendizes do Evangelho[12]).

Essas bases, na forma de escolas e cursos adequados, foram criadas em caráter compulsório, para que não se continuasse a fazer **remendos em roupa velha** e se pudesse atingir o termo final deste século com legiões de servidores evangelizados, aptos aos esforços e testemunhos que a propagação da Doutrina exigia.

Porque, realmente, este é o único caminho para esta grandiosa realização evolutiva, nesta fase; e não há outro que se conheça.

Mas uma dúvida persiste: haverá tempo suficiente para o saneamento das falhas humanas e para a difusão no mundo dos ensinamentos como Jesus recomendou?

---

[12] As bases propostas pelo autor são adotadas pela Aliança Espírita Evangélica. Ver *Vivência do Espiritismo Religioso.* (Nota da Editora)

68
SOLIDARIEDADE

Pelo uso criterioso e justo do seu livre-arbítrio o Espírito pode apressar ou retardar sua evolução, provocar estacionamentos, ascensões e quedas, triunfos ou derrotas.

Mas o livre-arbítrio tem ainda importância muito mais ampla, podendo ser exercido coletivamente, interessando à sorte de nações, povos e raças inteiras.

Todos nós somos células da coletividade universal e nossos atos, bons ou maus, sobre ela se refletem, mais ou menos restrita ou amplamente, da mesma forma como ocorre com as células do organismo físico, cuja atividade se reflete no metabolismo geral, beneficiando ou prejudicando o funcionamento dos órgãos e sistemas.

A dependência dos seres entre si é muito maior do que comumente imaginamos, mesmo quando não é exercida de forma consciente e deliberada.

Todo organismo social é solidário nas origens e nas finalidades e ninguém pode viver isolado dos semelhantes.

Todos concorrem, duma forma ou doutra, à movimentação da vida social coletiva e, dessa solidariedade e dependência, se beneficiam direta ou indiretamente; na realidade, na vida social tudo depende dessa solidariedade.

Não se move o homem um milímetro, nem dá um passo em qualquer sentido, que não dê ou não receba algo que desse organismo social lhe venha, ou para essa organização vá.

Tudo o que temos hoje, do que necessitamos para viver, representa o nosso trabalho somado ao de todos os nossos semelhantes, no passado e no presente. A geração de hoje usufrui o esforço e o trabalho acumulado de todas as gerações antecedentes; junto a esse acervo, o próprio esforço e a geração seguinte herda o patrimônio social assim enriquecido, ou defraudado, no caso em que o trabalho tenha sido realizado no campo das forças negativas.

Corramos por momentos os olhos e lancemos a vista sobre o panorama geral do mundo em que vivemos; o espetáculo é emocionante: por toda parte vemos os homens se movimentando em seus laboratórios, fábricas, balcões, cátedras; nos campos e nas cidades; na terra, no ar e nos mares, num mesmo esforço, não percebido, de benefícios ou malefícios recíprocos.

Mesmo quando não tenham consciência disto e busquem os homens, de forma direta e determinada, a satisfação de seus próprios interesses, a vida é organizada de tal forma que, por fim, o esforço sempre reverte à coletividade.

Nas sociedades futuras, entretanto, o trabalho visará sistemática e conscientemente, o bem coletivo, sem necessidade do esforço exclusivo e mal equilibrado de uns para os outros.

Do exposto se pode ver como é extensa e delicada a responsabilidade de todos nós, no que respeita à realização das tarefas que trouxemos ao encarnar, porque tal como elas forem executadas num sentido bom ou mau, assim seremos recompensados ou responsabilizados, não somente no que a nós pessoalmente respeita, como ao que respeita à coletividade humana.

Assim, pois, é evidente que devemos concorrer sempre para a realização de trabalhos bons e perfeitos, visando o bem comum e não somente o nosso bem particular.

Se o campo da vida coletiva puder ser representado, simbolicamente, por um vaso contendo água lodosa e impura; e se, para esse vaso, todos individualmente trouxerem água limpa e cristalina, ver-se-á que a água poluída irá clareando aos poucos, até transformar-se em água saudável. A transformação, todavia, poderá ser retardada indefinidamente por aqueles que, ao invés de água limpa, continuem a verter no vaso água impura.

Mesmo nos atos mais simples podemos concorrer ao bem social, executando correta e honestamente a nossa parte, sem intuito algum de ganho, sem ambição de recompensa, salvo, é óbvio, em se tratando de trabalho remunerado destinado ao ganha-pão diário, para o qual, entretanto, a mesma regra acima vige.

69

ESFORÇO DE REDENÇÃO

O Espiritismo pede a reforma moral dos adeptos e todos têm conhecimento desta exigência. Entretanto, poucos a realizam e a maioria permanece engolfada no comodismo, displicentemente, transferindo sempre para o dia de amanhã, cometimento de tão alta expressão realizadora.

Ao nos criar, Deus foi misericordioso, concedendo-nos todas as possibilidades de espiritualização, livre-arbítrio para atingir a meta por quaisquer caminhos e a eternidade como prazo; porém, a redenção, somente a conquista aquele que se bate por ela, que por ela verte o seu sangue e não o que a desdenha e aguarda que ela venha ao seu encontro no transcurso infindável do tempo.

Por isso é que o Divino Mestre, ao voltar para o seu reino, nos legou o código moral do Evangelho, como arma poderosa dessa conquista; quem obedecer aos seus preceitos entrará mais depressa nas claridades desse reino; e quando, há mais de um século, surgiu o Espiritismo, esse mesmo código foi apontado pelos Espíritos Superiores como base de ação purificadora, norma sagrada para a conduta dos adeptos.

Mas os que se dizem arautos dessa revelação ou seus servidores, como têm testemunhado tais ensinamentos? Lamentavelmente poucos os conhecem na sua verdadeira significação; muitos dizem-se defensores mas não lhe seguem as normas; não os vivem na sua conduta; e há também os que julgam tal código, simplesmente um livro, que, às vezes, lêem e comentam, mas não um rumo reto e definitivo de vivência.

Alguns conhecem passagens expressivas e citam Marcos e Pedro, mas uma coisa é enaltecer os apóstolos e outra é proceder como eles procederam; uma coisa é reverenciá-los e admirar o seu caráter, sua grandeza moral e outra é seguir seus passos, imitá-los com rigoroso devotamento.

Conhecendo as dificuldades pelas quais passaram naquele tempo glorioso, e estabelecendo comparação com as de hoje, em nosso meio social, considerando, de um lado a excelsitude dos ensinamentos e, doutro, a inferioridade em que permanecemos, sentimo-nos incapacitados para tamanhos esforços e compromissos e deixamo-nos vencer pelo desânimo.

Mas, convém perguntar: para que viemos nós ao mundo nesta época tão propícia ao desenvolvimento de esforços redentores? Não foi justamente para recuperar o tempo perdido no passado? Corrigir os erros praticados? Resgatar as faltas cometidas? Estamos, pois, na hora de iniciar a luta pela própria redenção,

Por isso mesmo é que foi criada a Escola de Aprendizes do Evangelho. **Não de estudantes, mas de aprendizes**. Não escola para se conhecer o Evangelho teoricamente, mas para vivê-lo e assim evoluírem mais depressa.

Por mais que a ele se queira renunciar e colocá-lo à margem de nossas preocupações, mais ele avulta ante nossos olhos como um chamamento, como um compromisso sagrado a cumprir, como uma esperança segura de redenção.

E ninguém poderá atingir os cumes da evolução neste ciclo que transcorre e a felicidade espiritual que é a herança de todos os homens, sem que realize tudo o quanto o Divino Mestre ali estabeleceu como norma de conduta.

Tudo no mundo se tornará melhor quando os homens viverem dentro dessas normas, e profunda modificação se operará na mente e no coração de cada um, quando realizarem no seu íntimo as transformações morais indispensáveis, atendendo ao chamamento divino.

E quanto aos Espíritos em particular, de forma diferente passarão a encarar, estudar e praticar a Doutrina. E que espetáculo grandioso não será esse de legiões de indivíduos conscientemente evangelizados, exemplificando no seio da massa humana os ensinamentos que serão a redenção de todos!

Só então terá o Espiritismo atingido sua finalidade planetária, indicando o caminho, mostrando a verdade; difundindo-a pelo mundo, como Jesus indicou a seus apóstolos que o fizessem.

A Doutrina não veio para formar apóstolos (conquanto também os forme), mas para orientar e redimir a humanidade como um todo.

70
Predestinação

"Conta a crônica dos Espaços, que nos finais do quarto século a.D., as Entidades siderais responsáveis pela evolução espiritual de nossa humanidade, convocadas por Jesus — governador planetário — escolheram a região oriental do continente sul-americano para local da futura Canaã, a das promessas místicas, perdida a esperança de que ela pudesse voltar a ser o mesmo primitivo sítio na infeliz Palestina.

Em consequência, para essa região foram sendo encaminhadas, a partir de então, as reencarnações de Espíritos mais sensíveis, sinceros e fiéis às verdades da revelação cristã; os mais aproximados das virtudes da fé e da bondade; mais aptos à capacidade de sacrifício, ao idealismo da redenção, pelo amor, testemunhado por Jesus.

E para essa região singraram, logo depois, as naves lendárias dos descobrimentos, tripuladas por pioneiros que levavam sobre as velas a força inspiradora dos estandartes da cruz.

E o tempo, a partir daí, transcorreu lentamente e os destinos nacionais se foram cumprindo, na vizinhança amistosa e fraterna das nações que ali se formaram, dentre as quais o Brasil recebera o quinhão de maior responsabilidade, em gloriosa destinação."

E não tendo sido possível implantar em solo brasileiro o berço da doutrina nova através da qual viria ao mundo a Terceira Revelação, fixou-se o evento na França onde, finalmente, foi dada ao mundo a Doutrina dos Espíritos, superiormente codificada por Kardec.

E agora que as mensagens do Alto nos convocam novamente para as batalhas finais da propagação, neste ciclo que vai se encerrando, em meio a tumultos e sombrias perspectivas, devemos responder ao apelo, criando por toda parte, nos lares, nas cidades e nos campos, como nos tempos apostólicos, templos, escolas e outros órgãos adequados à difusão desassombrada e fiel, pela pregação e a exemplificação da doutrina redentora que Jesus legou, como herança, aos seus discípulos e seguidores, em benefício de toda a humanidade.

Compreendemos que, em nosso País, a Constituição Nacional, refletindo o espírito liberal e fraterno do povo, assegura a mais ampla liberdade de pensamento e de culto, não exercendo os governos quaisquer espécies de pressões de ordem religiosa.

De outra parte sabemos que todas as correntes religiosas e doutrinárias sofrem dissensões internas e desvirtuamentos, tanto na essência delas como nas interpretações e nas práticas.

A Doutrina Espírita não faz exceção à regra geral, possuindo também assuntos de controvérsia, como sejam: 1) quanto à prevalência dos seus três aspectos intrínsecos de ciência, filosofia e religião; 2) quanto às práticas; 3) quanto à interpretação de alguns conceitos ou enunciados doutrinários.

São, todavia, diferenças de somenos, não essenciais, pois todos os adeptos são concordes em proclamar a necessidade de se manter coesa a estrutura erguida na Codificação; convindo porém considerar que essa admirável Codificação exige que não se implante no seu seio, qualquer sentido de exclusivismo que levaria fatalmente à dogmatização da Doutrina e sua transformação de doutrina aberta, liberal, evolutiva e universalista, em uma simples seita sem maior significação cósmica.

Considerando o momento histórico que vivemos, com a humanidade se aproximando de um período cíclico de selecionamento espiritual e sem apequenar — o que seria inadmissível — o valor dos demais aspectos, é evidente a prioridade que deve merecer o aspecto religioso que, felizmente, é o que vem, desde 1940 alimentando o maior esforço da difusão em nosso País.

As iniciativas desse trabalho executado, como já temos acentuado várias vezes neste livro, comportaram um complexo de medidas que, entretanto, confluíam todas para o seguinte esquema:

Iniciação Espírita:

a) Formação doutrinário-moral com base rigorosa na reforma íntima, pela Escola de Aprendizes do Evangelho.
b) Difusão e exemplificação evangélica no plano social coletivo, pela Fraternidade dos Discípulos de Jesus.
c) Assistência social em todos os sentidos.
d) Formação mediúnica para manter abertos os canais da revelação, pela Escola de Médiuns e cursos complementares.

Em nosso país as instituições espíritas colaboram com os Governos na orientação moral, na assistência social, no respeito às leis, aos bons costumes e às tradições liberais do povo, com afirmações constantes de seus princípios essenciais que são:

1) o caráter específico de doutrina redentora, com base moral no Evangelho cristão;
2) o respeito e a não-interferência em movimentos político-partidários, religiosos ou filosóficos;
3) a ausência de preconceitos de raça, cor, classe social, ou qualquer outra restrição pessoal;
4) a ausência de sacerdócio organizado;
5) a gratuidade das atividades que presta em benefício geral.

Nestas condições o Espiritismo exerce suas atividades doutrinárias em perfeita consonância com os ensinamentos legados ao mundo por Jesus, luz redentora que vem do passado e se projeta no futuro, clareando rotas e libertando espiritualmente os homens deste século tormentoso que, em breves dias, chegará ao seu fim.

71
Perguntas e Respostas

Estudiosos e observadores têm perguntado:

P. — *Há, historicamente, documentos que provem a natureza divina de Jesus de Nazaré?*

R.— Não há.

P. — *E a não-existência de provas, prova que ele não era divino?*

R.— Logicamente não, mas há provas de outra espécie.

P. — *Ele era um deus?*

R.— Em relação a nós, homens deste planeta inferior, evolutivamente tão atrasados e segundo a concepção que formavam de um deus as mitologias antigas, pode-se considerá-lo um deus, mas não Deus.

P. — *Podem considerar-se deuses (na terminologia antiga) os seres espirituais que possuem uma evolução muito adiantada, que já colaboram com Deus Pai e Criador no governo dos mundos?*

R. — Nestes termos Jesus poderia ser considerado um deus. Mas, na realidade o Espiritismo considera esses seres como **"Espíritos puros"**, de elevada hierarquia, desembaraçados das reencarnações humanas, habitando esferas altas.

P. — *Mas Jesus, sendo um desses Espíritos, como encarnou aqui na Terra?*

R. — Como Espírito da esfera crística, cuja capacidade de amor abrange não mais seres individuais, mas multidões deles, formando nações, povos, raças e humanidades inteiras; Espíritos que orientam e governam humanidades e por cuja evolução respondem perante Deus; esses Espíritos encarnam em orbes materiais quando tal medida se torna necessária ao bem comum de todos.

P. — *Encarnam em corpos iguais aos nossos?*

R. — Semelhantes aos nossos; iguais na forma, mas dotados de sensibilidade e pureza diferentes.

P. — *Com as mesmas necessidades físicas que temos nós?*

R. — Sim, também em termos; neles o metabolismo espiritual sobreleva ao orgânico, que fica submetido à vontade poderosa do Espírito, senhor do corpo.

P. — E quanto ao que se refere ao amor, as necessidades são as mesmas?

R. — Que amor? Se a pergunta se refere ao amor material, pode-se garantir que não, em todas as circunstâncias. O mesmo potencial que Jesus empregava para operar as curas maravilhosas e instantâneas que o Evangelho registra, ou provocar fenômenos naturais; essa mesma força, quando necessário, empregaria para suprimir qualquer manifestação dos sentidos que não se adequasse à sua tarefa messiânica. Mas tais circunstâncias naturalmente que não ocorreriam porque Espíritos como Ele de há muito já superaram qualquer impulso menos indispensável da natureza física.

E nem poderia ser de outra forma porque Jesus desceu ao nosso ambiente para redimir a humanidade e não para contaminar-se, vivendo como os homens comuns, cujas inferioridades são incompatíveis com a sua condição de Espírito divinizado.

Por outro lado, quem ama a toda a humanidade, na vibração altíssima do amor universal, já não pode amar a um só, de condição inferior, com exclusividade.

P. — Mas as escrituras não dizem que ele amava o apóstolo João mais que a qualquer dos outros? Como explicar isso, então?

R. — João alcançava, mais facilmente que os outros, a sintonia vibratória de Jesus, não só por ser mais humilde, simples, afetivo e submisso, como também porque possuía mais completa organização mediúnica, que o tornava apto ao desempenho de tarefas difíceis, como vimos acontecer com a autoria do Evangelho que tem o seu nome, o único que tem sentido filosófico, e com o Apocalipse, que requeria elevada capacidade mediúnica e mística, nos campos da vidência, do desdobramento espiritual, da audição e da retentiva.

Além disso João já servira ao Cristo Planetário em encarnações anteriores tendo, portanto maior amadurecimento espiritual que os demais.

P. — *Mas Jesus não amava também, de forma especial, a Maria de Magdala, retribuindo o grande amor que ela lhe tributava?*

R. — Maria de Magdala não fugiria à regra geral. Grega de nascimento e de educação, mulher bela e rica, cultuava os deuses mitológicos de sua raça, mas ao encontrar-se com Jesus, envolvida pela poderosa onda magnética de amor que ele irradiava, deixou-se prender por isso e pela grandeza do ideal espiritual que ele representava. Repudiou sua crença anterior, alienou suas riquezas e filiou-se ao grupo de seus discípulos e, mais que nenhum outro, demonstrou seu devotamento e sua fidelidade, que se manteve inalterada até os últimos momentos de sua vida; após a morte do Divino Mestre, dedicou-se à assistência a leprosos, para resgatar suas culpas anteriores, foi contaminada pela moléstia e morreu anos mais tarde em uma gruta isolada do deserto da Judéia. Companheira inseparável de Maria de Nazaré até o final da vida desta, foi também a primeira entre os discípulos a quem Jesus se manifestou na sua "ressurreição", junto ao túmulo de José de Arimatéia. Além do de sua Mãe terrena, este foi o maior e mais santo amor que Jesus despertou na Terra.

P. — *Isto basta, ou devemos fazer novas perguntas?*

R. — Sim, sinto que basta.

72

Doutrina Aberta

O Espiritismo pode ser conhecido, adotado e praticado por todos os que o desejarem, oferecendo acolhida ampla, fraterna e irrestrita.

Os que têm pendores científicos, os céticos, os ateus; os curiosos que sempre duvidam e agradam-se somente de fenômenos e neles pouco demoram, ávidos sempre por coisas novas e mais excitantes; os que não lhe descem mais ao fundo, ao que está além do visto e ouvido e, ante qualquer esforço, desistem e voltam às preocupações mundanas, na maioria das vezes decepcionados e aumentados de dúvidas; os que somente criticam e não colaboram; a todos esses que nada semeiam e, portanto nada colhem, a espiritualidade não chega, porque não se dá assim a preço tão baixo, de graça, nem se oferece como um presente valioso numa bandeja.

Os intelectuais que amam o conforto dos gabinetes de estudo, as teorizações, a dialética, esses filiam-se ao setor filosófico. Amantes da cultura mas, muitas vezes, sem condições de obtê-la aos níveis espirituais desejados, declinam dos esforços da introspecção, do auto-exame nos refolhos mais íntimos e, via de regra, permanecem nas áreas exteriores dos problemas, sem atingirem realidades concludentes.

Mas os devotados e crentes, os mais trabalhados pelas adversidades; os que anseiam por vida mais feliz e têm fome de espiritualidade, esses se integram no setor religioso, dispostos aos sacrifícios exigidos pelo Evangelho; submetem-se à reforma íntima, agem com rigorosa objetividade, lutam por se transformarem moralmente, fazendo disso o seu ideal mais caro; assim, em dado tempo, desenvolvem mais rapidamente que quaisquer outros, o sentimento de amor, que é a meta da Criação Divina e a forma ascensional da evolução.

Entretanto, quaisquer destes caminhos podem levar às conquistas espirituais, quando percorridos com sinceridade de propósitos, visando o Bem, realizando obras úteis à coletividade: os cientistas quando de fundo humilde, valendo-se dos conhecimentos que possuem e das inspirações que lhes podem vir dos Planos Espirituais, aproveitando as oportunidades que lhes sejam postas à frente, justamente para que possam ser úteis, ou criando-as eles mesmos; os filósofos selecionando os conhecimentos nos seus valores verdadeiros, discutindo-os, difundindo-os; e os religiosos preparando-se primeiramente e, em seguida, dedicando-se ao serviço dos semelhantes, tocados fundo pelas transformações que, nestes casos, sempre ocorrem no seu mundo íntimo e pela comunhão que conseguem manter com os Planos Espirituais, sempre acessíveis àqueles que os buscam com humildade e perseverança.

Há no mundo inumeráveis alternativas para o êxito em qualquer setor da busca de Deus; mas, para a redenção do Espírito temos a evangelização, o auto-aperfeiçoamento moral, a reforma íntima, a conquista das virtudes cristãs, o desenvolvimento a níveis satisfatórios da capacidade de amor universal.

Os homens em sua maioria amam a vida do mundo material, com os deleites enganosos que ela oferece e por isso não se agradam de dispenderem em sentido contrário; de mudar, de alterar pensamentos, sentimentos e convicções, de se desprenderem das cativantes atrações do mundo ilusório que amavam antes, dos bens materiais e dos viciamentos a que tão prazerosamente se acostumaram; não têm coragem para lutar contra si mesmos, preferem transigir com as exigências, não crendo que para evoluir tanta coisa seja necessária (no que se enganam, porque somente dessa forma farão contato com as realidades da vida, no seu sentido moral edificante), de escadas íngremes a subir e esforços porfiados a fazer, para alcançar os valores internos mais altos e até então desconhecidos.

Por isso é que Jesus, na sua admirável clarividência dizia: que o Pai dá aos humildes o que muitas vezes nega aos sábios e poderosos. Porque estes fiam-se em grandezas humanas perecíveis, enquanto que os primeiros guardam a fé em poderes situados além do mundo material; sobem os degraus mais depressa, porque a eles os sofrimentos e as agruras da vida são mais familiares e acionam mais fundo os valores psíquicos.

Isso, todavia, repetimos, não representa privilégios que excluam alguém do amor divino, porque este abarca todos os seres em geral, indistintamente; os homens é que se selecionam a si mesmos, no campo dos mais capazes e mais acessíveis aos benefícios da redenção nos mundos baixos.

73
A Fraternidade Essênia

No esforço das realizações evangélicas é instrutivo relembrar a existência e a cooperação da comunidade essênia.

Nessa linha de tradição cristã, que vem de Moisés, os essênios foram realmente precursores.

Herdeiros diretos dos verdadeiros ensinamentos desse grande missionário, amplamente deturpados por conveniências clericais da época, mantiveram-se afastados da vida pública da nação israelita, isolados nas montanhas palestinas, fenícias e arábicas.

Fiéis à tradição mosaica e às profecias, aguardavam, como os demais, o advento do Messias, em sua última manifestação terrena; e, quando esta se deu, com Jesus de Nazaré, desde os primeiros instantes o ampararam, principalmente na sua infância e adolescência, sempre rodeada de perigos e incertezas.

Foram precursores porque, ainda antes do nascimento, viviam de conformidade com as leis de amor e de justiça que Jesus, mais tarde generalizou, resumindo-as no lema "paternidade de Deus e irmandade dos homens".

Utilizavam amplamente a mediunidade, que entre eles teve larga e alta expressão, nas escolas iniciáticas que mantinham nos seus diferentes mosteiros e recolhimentos de assistência pública; com acertada visão afirmavam que as faculdades se desenvolviam melhor, segundo o grau de amor e sensibilidade demonstrado pelos alunos.

Outro não foi o ensino dado na Escola de Aprendizes do Evangelho, criada em 1950, que estabeleceu, como condição essencial de aproveitamento e formação doutrinária dos adeptos, a reforma íntima, sem a qual não pode haver espiritualização, nem desenvolvimento perfeito de faculdades mediúnicas que a evangelização, de muitas formas, facilita.

Os essênios eram uma comunidade formada por indivíduos de várias procedências, com extensas ramificações nos países vizinhos e no Mediterrâneo.

Sua origem era remota. Nos arquivos da sede central, situada no mosteiro de Moab, junto ao Mar Morto, constava que a fraternidade fora criada por Essen, filho e discípulo de Moisés. Nos últimos dias de sua vida, já muito idoso, o grande missionário transferiu a Josué (já da geração nova, nascida no deserto) o comando do povo nômade, que há mais de quarenta anos vinha preparando para em seu seio receber, mais tarde, o messias planetário.

Feita a transferência, retirou-se com Essen, para o Monte Nebo, onde desencarnou, deixando-lhe o encargo de zelar pelos documentos nos quais vazara suas instruções e os ensinamentos espirituais que deveriam nortear a vida do povo escolhido. Junto a esses documentos entregou-lhe também as Tábuas do Sinai, contendo o Decálogo, que recebera diretamente do Plano Espiritual. Esses documentos estavam guardados em tubos de cobre, escritos em papiros, couros de cabra e telas enceradas e deveriam ser divulgados para que as tradições se perpetuassem.

Não desejando Essen entregá-los aos hebreus, resolveu criar uma comunidade à parte, independente, cuja sede fixou-se no Monte Moab, junto ao Monte Nebo, onde ficaram depositados.

Para a fraternidade criada logo afluíram inúmeros companheiros, idealistas e inspiradores de confiança, com os quais se formou o núcleo fundamental da Fraternidade que, após a morte do fundador e em sua memória, passou a denominar-se essênia.

A partir daí os membros se multiplicaram rapidamente, tornando-se altamente prestigiados e, ao nascimento de Jesus, existiam numerosos mosteiros essênios na Palestina e em países vizinhos.

Grande influência exerceram os essênios na vida do povo humilde, que assistiam de muitas formas, através não só de suas organizações fixas, leprosários, ambulatórios, etc., como pelos membros chamados terapeutas, que peregrinavam continuamente pelo país e vizinhanças, atendendo ao povo na cura de doenças, no recolhimento de abandonados, na proteção e socorro a viúvas e a crianças e na assistência moral e espiritual; e após a morte de Jesus, deram franco apoio ao cristianismo nascente, que lutava por firmar-se, sofrendo perseguições violentas por parte do clero judaico e dos romanos invasores.

Nessa época abriam aos cristãos as portas de suas organizações, concorrendo assim grandemente para a propagação dos ensinamentos de Jesus, até a data em que esse movimento religioso foi engolfado pelo Império Romano do Oriente, concorrendo a formar a religião oficial denominada católica romana em 325 a.D.

As similitudes religiosas entre essênios e cristãos eram numerosas e basta cotejar as práticas, costumes e crenças para verificar isso; eram os mesmos ideais, as mesmas tendências e mesmo o fundo moral e isso é facilmente compreensível, considerando-se que Jesus, como encarnação crística, prolongava a mesma linha espiritual dos missionários anteriores, e Moisés fora um deles.

Veja-sc, por exemplo, o respeito tributado a Moisés (considerado por eles, como também Jesus, uma encarnação messiânica); o batismo purificador de João, o desprendimento e a comunicação dos bens materiais; as obras de beneficência pública, o dever de hospitalidade, a condenação dos sacrifícios de sangue, a tolerância das faltas, o sentimento de fraternidade sem restrições, a pureza e a simplicidade de costumes; o respeito à mulher e à família, o combate aos vícios e desregramentos morais, a crença na vida futura e num Deus Criador e Único.

Com tantas similitudes é natural que após o sacrifício da cruz, os essênios restringissem suas atividades, fundindo-se aos centros da comunidade cristã primitiva, ajudando na multiplicação de suas células públicas e particulares e continuassem essas atividades benfeitoras até a eliminação da Palestina como nação livre no ano 131 a.D., quando então se dissolveram.

Seis arquivos preciosos foram guardados nas grutas que ocuparam em vários lugares, principalmente na sede de Moab, no Mar Morto e, estão sendo agora em nossos dias encontrados e examinados por especialistas (arqueólogos e linguístas) orientais e ocidentais; mas seu destino e publicação provavelmente não serão revelados jamais, por conveniência religiosa e política, porque conterão verdades e versões diferentes do que está oficializado pela literatura e a história religiosa do mundo.

74

Queda do Espírito

Há várias ideias, crenças, filosofias e lendas, a respeito deste assunto: a queda do Espírito.

Para uns trata-se da rebelião de anjos do céu, contra Deus e a consequente precipitação dos rebeldes nos abismos do Espaço; para outros, significa a expulsão de Adão e Eva do Paraíso terrestre, isto é, a queda moral, pelo conhecimento do Bem e do Mal, antes do tempo conveniente; e outras mais.

Mas é fácil perceber que, queda propriamente dita, jamais houve, mas sim o curso natural do processo criativo, em cuja primeira fase exterior a mônada, criação da mente divina arrebatada no descenso involutivo, cai até os pontos mais baixos da escala vibratória natural, donde inicia então o movimento de retorno para os pontos de origem, nas esferas divinas, após processo evolutivo trabalhoso e milenário.

O único fim da atividade divina é a vida universal; os seres criados passando, sucessivamente, por todos os estágios das manifestações físicas e psíquicas, a saber: conquistas, fracassos, êxitos e derrotas; realizações materiais e espirituais; aquisição de sabedoria e universalização da capacidade de amar até que, evoluídos e purificados, na forma e na essência, voltem, já agora transformados em Espíritos livres e sábios, às suas origens nas esferas divinas.

Essa involução da mônada era conhecimento transmitido nos templos egípcios antigos, aos iniciantes no sacerdócio, e isso está documentado com as cenas pintadas e esculpidas e até hoje existentes nos muros das ruínas dos templos de Karnak e Edfur e nas catacumbas construídas ainda antes da existência de Moisés.

Este missionário, educado e iniciado nos templos, por ser filho adotivo da princesa Termutis (irmã do faraó Ramsés II e sacerdotisa de Ísis), conhecia estes ensinamentos e, ao escrever os códigos hebreus, no deserto, reproduziu o capítulo da criação do homem no simbolismo de Adão e Eva, mitos existentes desde os tempos pré-históricos.

Nessa simbologia, Adão, criado por Deus simples e ignorante, foi posto no Paraíso onde, em seguida, recebeu a companhia de Eva, ser feminino, criado de seus próprios ossos sendo, portanto, um desdobramento dele mesmo.

O símbolo é claro: a criação se deu na esfera divina; a companheira tirada dos ossos do homem, representa a natureza dual deste, a saber: corpo e espírito, Eva representando a psiqué — a alma, complexo psíquico — formada depois. Os frutos da árvore eram os conhecimentos espirituais incompatíveis ainda com a imaturidade do homem primitivo; a expulsão e os sofrimentos a passar na terra exterior ao Paraíso eram a queda, a descida da mônada, para os tormentos das reencarnações punitivas, nos mundos materiais inferiores.

A massa humana, rude e materializada que Moisés conduzia no deserto, não aceitaria conhecimentos abstratos e por isso o grande missionário produziu analogias, mostrando que a humanidade provem de um casal primitivo, o que mais tarde foi inserido no seu livro *Gênese*.

Assim a lenda encobre a verdade espiritual, como sempre acontece, verdade que o Espiritismo em nossos dias vem apresentar de forma simples e acessível, sensata e racional, como doutrina mais avançada que é.

75
Iniciação Espírita Evangélica

As escolas de iniciação religiosa, filosófica ou científica, sempre existiram e continuam a existir, porque os conhecimentos em geral devem ser preservados, ampliados e transmitidos, de geração em geração, à posteridade, segundo sua natureza e origens, com as atualizações necessárias, periodicamente.

Quanto às de iniciação religiosa, por mais longe que remontemos ao passado, encontramo-las sempre na Índia, na Grécia, no Egito e outros lugares, transmitindo as mesmas verdades, conquanto de formas diferentes.

Nas linhas da iniciação cristã remontamos com Moisés ao Decálogo — a Lei do Sinai — formando o que se conhece como a **Primeira Revelação** do Deus Único. Não noticiava a existência de outros deuses, semideuses ou santos, mas somente Jeová — o Senhor — em cujo nome formou-se depois pelos hebreus, uma doutrina rígida, ortodoxa, intransigente e impiedosa.

Seus ensinamentos eram dados, de início, em escolas iniciáticas, pelas quais passaram quase todos os profetas chamados "bíblicos"; e mais tarde pelas escolas rabínicas de Jerusalém, incluindo-se o Grande Colégio do Sinédrio, nas quais foram mestres destacados entre outros Hillel, Schamai, Gamaliel (pai e filho), Nicodemos e se tornaram discípulos, dentre os mais conhecidos Judas de Kerioth, Saulo de Tarso e José de Arimatéia.

Com Jesus de Nazaré vem a **Segunda Revelação**, cujo conceito fundamental era a paternidade de Deus e a irmandade dos homens. Popularizou-se pela exemplificação pessoal, pelo ensino documentado dos fatos, dos quais o maior foi o sacrifício do Calvário, seguido, depois, por milhares de outros apóstolos, discípulos e adeptos em geral, eliminados em grande número pelo clero judaico, pelos dominadores romanos e mais tarde, pelos próprios católicos romanos.

Essa Segunda Revelação difundiu-se amplamente como cristianismo primitivo, dispersando-se porém em várias correntes ou seitas até fins do século, quando foram todas engolfadas pela oficialização política de Constantino, dando nascimento ao referido catolicismo romano, em 313, codificado na Vulgata Latina em fins do 4º século, sonegada ao povo por mais de um milênio até ser divulgada pela Reforma Protestante de Lutero, em meados do 15º século.

No Velho Testamento, a vinda do Messias nacional israelita foi anunciada, com detalhes, por Isaias e outros profetas antigos e Joel, um deles, referiu-se especialmente ao derrame mediúnico a dar-se no futuro.

Com a vinda de Jesus as promessas se cumpriram e Ele mesmo, à sua vez, prometeu a "ressurreição" do Espírito após a morte e a testemunhou ressurgindo. Prometeu que não deixaria órfãos seus apóstolos e discípulos e cumpriu a promessa, voltando a conviver com eles durante quarenta dias após a "ressurreição", na Galiléia, e ainda pela mediunidade, durante todo o período de quase três séculos que durou o Cristianismo Primitivo até sua transformação em catolicismo romano.

Prometeu também enviar o Paracleto Consolador, e novo derrame de mediunidade, o que foi iniciado com o Pentecostes, estagnando-se, porém, as manifestações, com as perseguições religiosas da Idade Média vindo, contudo, a expandir-se novamente com a eclosão do Espiritismo, na França, no século passado, estreitamente vinculado às promessas do Paracleto e do Consolador.

A Doutrina dos Espíritos, portanto, trouxe a **Terceira Revelação**, com a qual os ensinamentos evangélicos se popularizaram e continuam a se popularizar com interpretação racional, no seu verdadeiro sentido espiritual e cujos textos só então puderam ser compreendidos, aceitos e praticados à luz do sol, sem restrições, com liberal e claro entendimento, sobretudo no Brasil, a futura "Terra da Promissão".

76
Novos Métodos de Ação

Para se fixar o caráter verdadeiramente espiritual, imprimindo tal sentido não só à propagação, como à formação espiritual dos adeptos, criaram-se, como já dissemos, a partir de 1950, cursos e escolas especializados, cujo tipo padrão é a Escola de Aprendizes do Evangelho, cujas características são: uma iniciação espírita de caráter religioso, apta a fornecer conhecimentos exatos e orientar realizações construtivas nesse setor, em caráter aberto, popular, sem restrições de qualquer espécie, com base na **reforma íntima**, visando as transformações morais que o Evangelho exige, porque esta é a finalidade fundamental da Doutrina, e sua tarefa mais urgente no momento apocalíptico, de transição cíclica, que o mundo enfrenta em nossos dias.

E porque o Evangelho, tanto nas realizações internas, como nas do campo exterior, é ação realizadora e não somente interpretativa ou platônica; e como a propagação se ressentia de uma objetividade mais direta e expressiva, deu-se a essa reforma o caráter compulsório, com métodos e programas adequados, que satisfizessem o ideal de todos aqueles que desejassem a evangelização *em espírito e verdade*, para evoluírem mais depressa e concorrerem desde logo para que a missão redentora da Doutrina se efetivasse no mundo com mais eficiência e rapidez.

Essa iniciação, configurada em uma escola de preparação de servidores e uma fraternidade de discípulos, de certa forma e dentro dos limites que pode abranger, representa uma valiosa fonte de realizações e sua organização assegura um fluxo contínuo e volumoso de servidores, na forma adotada de turmas anuais independentes, sucessivas e múltiplas.

E o número dos que já passaram por ela e os resultados que já pode apresentar, na feição qualitativa principalmente, provam que o sistema é válido, hábil e eficiente, podendo com o tempo e o desdobramento de suas atividades, concorrer à solução de problema de tal magnitude.

Por outro lado, adotando como seu Estatuto, o Sermão do Monte, a Escola define seu caráter em profundidade e marca muito alto seus objetivos, lutando por um Espiritismo autêntico e atuante no campo das realizações morais, das quais, mais que nunca, necessitam os homens deste século.

A Escola executa uma obra que dia a dia se afirma mais ampla e benéfica à propagação do Evangelho cristão, em espírito e verdade e à orientação espiritual dos adeptos; e os que por ela já passaram e se tornaram *discípulos* serão arautos e testemunhos vivos dos ensinamentos, dos exemplos e dos métodos utilizados pelos seguidores de Jesus no tempo que viveram.

Considere-se o que pode produzir o semeador no arroteio do seu campo e no vulto da colheita; ou o homem animado de boa vontade e de fé robusta, utilizando a força da palavra e do exemplo; e multiplique-se isso por milhares! Essa será uma força que mudará muita coisa para melhor no entendimento e na vivência do Evangelho e no êxito do Espiritismo como Terceira Revelação.

A Escola vem preparando legiões de trabalhadores fiéis e corajosos, aptos à semeadura, no coração dos homens, das verdades redentoras e isso é o que vem sendo feito há mais de três décadas, produzindo resultados surpreendentes cuja extensão ainda não se pode medir.

Reformar-se e instruir-se para depois, como discípulo, ajudar seus semelhantes a se evangelizarem e se redimirem, eis a meta decisiva desta iniciação espírita, a que todos os aprendizes obedecem, por amor ao Cristo e ao mundo, que é a arena imensa de sua tarefa nobilitante.

77
Como Evitar Más Influências

Muitos se queixam dos constantes ataques de Espíritos inferiores, para os quais, dizem, em nada concorrerem; outros confessam não ignorar as causas; e, por ignorância religiosa, a maioria torna-se vítima cega desses males, negando mesmo alguns que eles existem.

Como se dão esses ataques, perguntam, e quais as procedências?

Há duas principais: os *resgates cármicos*, na ocorrência dos quais as influenciações são justificáveis, havendo determinada liberdade de ação para os Espíritos credores e agentes; e as *imperfeições humanas*, portas sempre abertas a essas influências torturantes.

Em um mundo de provas e expiações como o nosso, onde as imperfeições são a regra geral e que se agravam com a ignorância da vida espiritual, na maior parte dos casos, as interferências desses Espíritos são quase que permanentes e sistemáticas.

Se as imperfeições são gerais; se os encarnados, por ignorância das leis espirituais ou por negligência, conservam sempre baixa sua vibração perispiritual e não cuidam de melhorá-la, é natural que os agentes do mal, por atrações vibratórias, se aproveitem disso e se lancem contra as vítimas livremente, apesar da assistência espiritual que todos recebem dos Espíritos protetores que, nestas circunstâncias nem sempre, ou melhor, geralmente, ficam impedidos de agir com eficiência, por dificuldades de aproximação e impedimentos naturais de ordem sintônica.

Os homens virtuosos, evangelizados, são tentados como os demais, mas reagem e neutralizam seus efeitos, repelem os ataques mesmo quando, de improviso estes os atingem, causando-lhes perturbações passageiras, ressalvada sempre a hipótese de agirem os atacantes como agentes do Carma, com liberdade de ação até certos limites, para que se efetivem os resgates saneadores, indispensáveis ao progresso espiritual de suas vítimas.

Não devemos, pois, culpar os maus Espíritos por todos os males que nos atormentam porque, se uma parte e não pequena lhes cabe, outra, também considerável, a nós pertence. Se não oferecêssemos as condições de acesso, as forças más não nos atingiriam e, se o fizessem improvisadamente, aproveitando-se de abertura momentânea, seus efeitos seriam passageiros, como já dissemos.

Assim, pois, para evitarmos as más influências há uma regra que sobreleva todas as outras, ou melhor, um recurso, que é a evangelização, a moralização do caráter e da conduta, a transformação dos sentimentos, com a consequente elevação do padrão vibratório individual. Mas mesmo assim continuaremos acessíveis às referidas influências para os ressarcimentos dos débitos do pretérito.

Neste último caso haverá, entretanto, grande diferença no modo de encarar o problema, porque já sabemos algo do que se trata, da extensão e dos limites dos sofrimentos a suportar, mas sobretudo sabemos que eles redundarão em alto benefício para nosso progresso espiritual que, sem isso, não se daria; e, assim sendo, ao invés de nos lamentarmos, muito ao contrário colaboraremos para que os resgates se dêem amplamente, sem embaraços e com a nossa própria concordância, na certeza de que sempre haverá atenuações.

Como somos ainda muito imperfeitos e, por isso mesmo, habitamos um planeta como a Terra, que é palco para expiações e provas, infelizes seríamos se não contássemos com a cobertura, a compreensão, a tolerância e a assistência constante dos benfeitores espirituais com os quais, em consequência, devemos manter intercâmbio constante e canais abertos de acessibilidade, pelo menos por meio de preces, bons pensamentos e boas obras, o que vale dizer pela formação e a vivência evangélica.

78

PREFERÊNCIAS

Ouvimos atentamente a conversa naquele grupo de comentadores:

— Eu prefiro o Espiritismo científico, dizia um. Quanto mais leio e ouço sobre os fenômenos de materialização, levitações, voz direta e semelhantes, mais aumenta meu entusiasmo e interesse por esse admirável setor doutrinário que, indiscutivelmente, leva à aceitação da imortalidade da alma.

— Mas, que eu saiba, observei, todas as religiões admitem a imortalidade da alma...

— Isso não; nem todas.

— Conhece alguma que o negue?

Como não respondesse fiz outra pergunta:

— Você colabora nesse campo?

— Não, não colaboro. Leio obras e assisto, sempre que posso, manifestações desse tipo que, aliás, são bem raras.

— Foi por esse meio que veio para o Espiritismo?

— Não, já era espírita antes.

— E foi só por isso que aceitou a imortalidade da alma?

— Claro que não, que pergunta!

Dizia outro:

— Para mim as belezas do Espiritismo estão na parte filosófica. Quando se vai, aos poucos, penetrando nos conhecimentos, abrindo horizontes mentais cada vez mais amplos, meu interesse também se amplia e cresce extraordinariamente.

E que imensa literatura já não se tem nesse campo! É incrível! E quase tudo de bom que surge no estrangeiro já vem sendo traduzido para nossa língua.

— Concordamos em parte, respondemos, pois que as traduções são poucas e também poucas as produções, cujo maior campo está hoje justamente em nosso País. Mas você exerce alguma atividade nesse magnífico setor de trabalho doutrinário?

— Que quer dizer?

— Ajuda a propagação pregando, escrevendo, criando organizações, etc.?

— Não, não digo tanto. Você entendeu mal. Estudo e me aprofundo nos conhecimentos mas, por enquanto, não tenho colaboração pessoal.

— E a parte religiosa, conhece bem?

— Não entro nesse setor. Acho que o Espiritismo não é religião e bastam as que já temos.

— Como realiza então seu aperfeiçoamento moral?

— Moral é uma coisa, religião é outra.

— Não diga isso, você bem sabe que a base moral da Doutrina é o Evangelho de Jesus.

— Sim, bem sei, mas isso é coisa íntima, que cada um resolve como julga mais conveniente.

Dirigindo-nos ao companheiro que preferia os efeitos físicos, perguntamos:

— E você pensa da mesma forma?

— Certamente que sim, respondeu, Kardec não disse que o Espiritismo seria uma ciência ou não seria nada?

— Mas também disse coisa diferente em outros pontos da matéria que codificou. Mas, seja como for, não vê que o mundo está cheio de filosofias e ciências e o homem nem por isso melhorou espiritualmente?

Não observa a decadência moral, a corrupção de costumes, a libertinagem, a desagregação da família, a desorientação da juventude, a imoralidade quase que oficializada e outros inúmeros sinais da degeneração social do mundo? Que tem feito a sabedoria humana para modificar esse quadro lastimável?

— Não nego isso, confessou o primeiro, mas penso que a evolução da sociedade moderna se chegou a esse ponto, na certa que vai mudar, porque a evolução não cessa.

— Acha então que se pode concordar com essa situação, aguardando, de braços cruzados, que as coisas mudem algum dia?

— Quanto a mim, falou o segundo deles, não concordo, mas não creio que exista remédio para isso.

— Você não admite, perguntamos, que justamente a parte religiosa da Doutrina é aquela que oferece recursos de combate a essa calamidade mundial?

— De que forma? Gostaria de saber.

— Esclarecendo as consciências, ensinando, orientando, transformando as pessoas nos seus sentimentos íntimos, moralizando-as, evangelizando-as, enfim, levando-as à redenção!

— O mesmo êxito pode-se obter lendo, estudando, vendo, ouvindo...

— Mas isso é muito lento, amigo: a parte ruim anda muito mais depressa.

— E que tempo pensa que terá o mundo para isso?

Já leram os Evangelhos, estudaram-nos, penetraram neles, viram o que eles podem produzir nas almas com vistas à sua espiritualização? A capacidade de amor que podem despertar ou desenvolver nos corações humanos com essa transformação moral que o próprio Divino Mestre recomendou?

— É claro que aceitamos o Evangelho como regra de vida moral.

— E aceitam também a sua vivência como testemunhação dessa vida moral?

— Isso julgamos que seja do interesse pessoal de uns e de outros, mas não de todos, porque nem todos podem montar sua vida nestes termos.

— Então negam que o Espiritismo, como religião redentora, possa exigir essa vivência na comunidade dos seus adeptos?

— Não cremos que possa.

— Neste caso, amigos, como a filosofia e a ciência se acomodam aos fatos e não possuem em si mesmas capacidade para transformar moralmente os homens, e como também negam essa possibilidade ao setor fundamental que é o religioso, então, logicamente, negam à Doutrina, sua missão redentora na Terra, com base no Evangelho de Jesus. Que sobra então?

— São pontos de vista, responderam ambos, você é muito radical.

— Não são somente pontos de vista, são realidades chocantes.

Mas creiam que neste setor religioso é que os homens podem realizar mais depressa progressos espirituais, primeiramente em si mesmos (o que é fundamental) e depois no campo coletivo, com exemplificação pessoal das novas virtudes adquiridas; passarão assim de simples simpatizantes, de simples conhecedores setoriais e teóricos da Doutrina, a agentes seus, vivos e dinâmicos. Não lhes interessa essa perspectiva?

— Não creio que possa fazê-lo, disse um deles, nem tenho pretensões a tanto.

— Eu tampouco o tenho, ajuntou o outro. Achamos que o Espiritismo se expande facilmente, por si mesmo, como estamos vendo, porque nada exige e tudo oferece de bom. Não adianta exigir demais, é contraproducente.

— Há seitas paralelas que estão tomando muito lugar na devoção do povo e se dizem espíritas.

— Deixe que andem como quiserem. Esse setor religioso, como você mesmo está mostrando, é muito custoso, exige sacrifícios e renúncias que nem todos estão em condições de fazer.

Quanto a mim, já tenho muitas complicações na vida e não quero aumentá-las, pelo menos por enquanto; mas, honestamente digo que admiro os que o fazem.

Vendo que era inútil insistir, seguimos nosso caminho.

Os frutos da alma levam tempo para madurar, pensamos, enquanto nos afastávamos.

Por isso é que o Divino Mestre disse "que muitos são os chamados, mas poucos os escolhidos"; e nós concluímos, particularizando "que muitos se dizem espíritas, mas poucos se espiritualizam".

Esses dois confrades pelo menos eram francos, pois que aderem ao Espiritismo pessoas que ainda não são capazes de compreender sua finalidade cósmica de transformar moralmente a humanidade, para que possa redimir-se de seus erros passados e adquirir virtudes cristãs, compatíveis com a vida na futura Terra renovada.

E onde se pode situar um idealismo construtivo e assegurador de progresso espiritual fora das exemplificações evangélicas (que podem ser feitas de muitas maneiras, segundo as possibilidades de cada um) se, qualitativamente, do ponto de vista evolutivo, este é o valor mais verdadeiro e positivo?

Fora das realizações do campo interno, que pode haver (por maior que seja o preparo intelectual), que leve às conquistas espirituais verdadeiras?

Nada que saibamos, a não ser o sofrimento físico e moral, em um tempo que não se pode medir...

79
Espiritismo Cristão

Alguns confrades discordam deste designativo, achando que o termo **Espiritismo**, por si só, basta para determinar sua natureza e finalidades doutrinárias. Não é bem assim.

É conveniente examinar mais a fundo o problema e a significação das palavras.

Espiritismo cristão significa doutrina baseada no cristianismo, nos ensinamentos de Jesus, sem contudo desmerecer em nada, seus demais aspectos setoriais doutrinários. Consequentemente esta parte religiosa tem base nos quatro evangelhos e nos demais livros do Novo Testamento entre outros: os Atos, as Epístolas e o Apocalipse, que não são documentos a manusear nos setores não religiosos.

Mas, como os Evangelhos, codificados na Vulgata Latina, possuem inúmeras contradições e afirmações nem sempre aceitáveis, e sendo o Espiritismo uma doutrina racional, fazem-se reservas sobre elas, reconhecendo, entretanto, que provêm de vários motivos:

1) do fato de Jesus nada ter escrito ou documentado sobre sua vida e suas atividades messiânicas;

2) os evangelhos terem sido escritos posteriormente à Sua morte;

3) escritos de memória, segundo aquilo de que os apóstolos se lembravam e muito depois dos fatos ocorridos; o Evangelho de João, por exemplo, dezenas de anos após o Calvário, durante seu exílio em Éfeso; o de Lucas, por informações de terceiros, porque Lucas não era judeu, não fora apóstolo e nem mesmo conhecera Jesus; e o de Marcos que não foi discípulo mas, segundo alguns simplesmente escrevente de Pedro.

Tudo isso concorreu para que não houvesse concordância nos diferentes textos, havendo fatos narrados de formas diferentes, ou existentes em um e não existentes em outros, podendo-se acrescentar ainda a circunstância de terem sido os evangelhos interpretados como convinha, alterados e interpolados como convinha, para fazê-los concordar com a deificação de Jesus, decretada pelo Concílio de Nicéia, em 325 a.D., por imposição do imperador Constantino, ao firmar a aliança política da qual surgiu o catolicismo romano.

Como é fácil de compreender, somente esta última circunstância, entre muitas outras, exigiria uma série de modificações nos textos que, por isso, foram publicados "segundo Mateus, segundo Marcos, segundo Lucas e segundo João", naturalmente por serem diferentes dos originais compulsados na codificação de Jerônimo.

Mas, excluída a parte narrativa dos fatos e destacado seu substrato espiritual, contido no Sermão do Monte, que por si só, representa um precioso legado, apto ainda a fixar, em bases elevadas, o valor moral dos ensinamentos, o Evangelho se apresenta como um código religioso de elevada capacidade espiritualizante, difundido pelos apóstolos, com a assistência imaterial de Jesus, durante todo o período histórico de propagação, em três séculos, denominado **cristianismo primitivo**. Por outro lado, avulta de forma indiscutível a autenticidade desse período, do qual o Espiritismo torna-se um prolongamento, nos dias atuais, por ser a Terceira Revelação, prometida por Jesus, ao anunciar a vinda futura do Paracleto Consolador.

Como o subtítulo "cristão" fica assim bem caracterizado, define-se também a posição do Espiritismo face as divergências e as interpolações não aceitáveis, nele contidas, que divergem em muitos pontos dos ensinamentos primitivos.

Esta circunstância, entretanto, não afeta seu valor intrínseco e espiritual, inteiramente concordante com os princípios e as leis transmitidas pelo Alto, através dos contatos mediúnicos mantidos por Kardec, visando a codificação da Doutrina dos Espíritos, tão superior e magistralmente elaborada.

De maneira que o subtítulo "cristão" é adequado e necessário para fixar, de forma clara e positiva, a filiação moral do Espiritismo ao Cristianismo Primitivo, sua qualidade de Terceira Revelação e suas reservas em relação às alterações introduzidas nos ensinamentos originais; e necessário ainda para fixar o Espiritismo na linha das revelações crísticas, que se sucederam desde os primórdios da evolução planetária, sendo Jesus de Nazaré, considerado por vários Autores, a nona encarnação[13] e a última, do Cristo Planetário, neste ciclo cósmico que chega ao seu fim.

[13] Ver nota nº 8, à página 118 deste livro. (Nota da Editora)

80

Aquisição do Conhecimento

O conhecimento espiritual pode ser adquirido por vários meios: pela própria experiência no transcorrer do tempo, por força das vicissitudes da vida; pela busca intelectual; pelo intercâmbio com o Plano Espiritual, através da revelação mediúnica; e pelas luzes da intuição, que é a abertura para as verdades, independente de qualquer auxílio exterior.

Nada mais pode vir em socorro dos homens por outros canais que estes, autênticos e verdadeiros.

Os acontecimentos da vida são fontes inesgotáveis de ensinamentos e de experiência. Ao contato com as dores, as alegrias, frustrações, decepções e desenganos, penetramos, de certa forma, no sentido das leis que regem os destinos humanos, as relações e os vínculos universais entre seres e coisas que a lei de Causas e Efeitos disciplina, cabendo-nos tirar daí as conclusões que tanto se aplicam a nós mesmos como à humanidade em geral.

Estudando e assimilando o que foi dito pelos nossos semelhantes que penetraram, antes de nós, os caminhos das realidades e nos legaram seus ensinamentos, ficamos aptos a conduzir nossos passos pelos rumos mais acertados.

Fazendo contato com as entidades e as forças do mundo espiritual pela mediunidade, autenticamos os conhecimentos, descerramos horizontes novos e véus espessos que encobrem na Terra realidades não conhecidas.

Finalmente, abrindo-nos para a intuição e por meio dela recebendo diretamente a orientação e as revelações necessárias, compreenderemos a força e a amplitude do amor de Deus, na sua eterna e infinita criação, oferecendo aos seres criados possibilidades de evoluírem, através de tais grandiosidades, em retorno aos reinos divinos.

O Espiritismo, com a utilização, em larga escala, dos recursos mediúnicos, atualmente melhor conhecidos e utilizados, representa o caminho mais seguro de iniciação espiritual em nosso tempo e, no seu caráter de religião racional, cuja base é o Evangelho de Jesus, compreendido e praticado em termos de vivência, assegura a essa iniciação o máximo possível de autenticidade e capacidade realizadora.

81

COMPREENSÃO

A compreensão do verdadeiro sentido do Evangelho só se obtém com o amadurecimento do Espírito.

Com a compreensão surge na alma o ideal do aperfeiçoamento, da espiritualização e o aprendiz torna-se apto a realizar a reforma íntima, com perseverança e sinceridade.

Essa reforma não é um curso que se completa, ou título que se recebe, mas uma transformação que se opera no mais íntimo da alma, visando a libertação do ser em relação aos tormentos, misérias e temores da vida física, nas esferas inferiores da evolução e a ascensão para mundos melhores, mais altos e mais perfeitos.

Desenvolver esse ideal, vivê-lo na comunidade ou criá-lo nas almas que ainda não o possuem, e que são multidões, essa é uma das finalidades da Escola de Aprendizes do Evangelho e da Fraternidade dos Discípulos de Jesus.

Entender de outra maneira é cometer um erro paralisante do movimento ascensional, retardar a evolução de milhares de almas irmãs da nossa, para as quais o Divino Condutor mantém abertas e expectantes as portas que dão acesso às glórias e às alegrias do Seu Reino de paz e de luz.

Porque foi justamente para isso que semeou na Terra as refulgências eternas de Seus ensinamentos redentores.

82

O Viandante

A que podemos comparar o homem encarnado na Terra?

Podemos compará-lo ao viandante que atravessa muitos países em uma longa peregrinação.

Cada encarnação é uma etapa dessa viagem e, de cada vez, à sua frente surgem oportunidades diferentes, obstáculos, terrores, aventuras e imprevistos de toda ordem.

O viandante já deve esperá-los; sabe que virão, mesmo não sabendo como, nem quando. Por isso deve andar sempre atento, de olhos abertos, examinando tudo, aprendendo, observando os sinais, mudando o rumo muitas vezes, aproveitando os obstáculos como ensinamentos, as oportunidades como dádivas, enfrentando os perigos, os imprevistos, porém com os olhos sempre postos no horizonte longínquo, onde está a sua meta, o seu destino.

Em cada dia dessa viagem se opera nele uma mudança, vivendo mais, aprendendo mais, sofrendo mais, evoluindo sempre, de modo que, ao término do esforço, se surpreende diferente do que era antes.

E, então, reconhecendo os erros anteriores, corrigindo os defeitos e as falhas, poderá, por fim, proclamar sua vitória sobre eles e a conquista de virtudes que não tinha.

Assim é a evolução.

Não há lugar para orgulho, presunção, egoísmo, pois os caminhos que se percorre são os mesmos que todos percorrem para atingir as mesmas metas, e todos precisam de humildade, esperança, perseverança no caminhar, no lutar, no sofrer, para vencer afinal a batalha que parece travada contra o mundo exterior mas que, na realidade, é toda do campo interno, para a edificação de si mesmos.

Na sua jornada o viandante nunca está só, mas rodeado de milhares de companheiros que seguem juntos, e sobre eles incidem claridades que iluminam os caminhos, para que não se percam.

Ele busca a verdade, mas esta somente aos poucos vai aparecendo, enquanto ele se vai fazendo capaz de percebê-la; somente à medida que seus olhos vão se abrindo à luz, esta vai sendo vista. E como a luz está nele mesmo, sendo ele mesmo, só poderá percebê-la no campo de um padrão vibratório elevado, afim com os valores mais altos dos mundos espirituais.

À medida que caminha percebe que dentro dele vão ocorrendo mudanças extraordinárias, tanto no ver como no sentir as coisas; forças poderosas e estímulos novos sacodem sua alma; luzes o envolvem progressivamente, dia por dia e, por fim, se fazem no seu Espírito, sobrepondo-se à vida material, e abrindo lhe horizontes novos de surpreendente luminosidade.

Assim, na vida espiritual, as coisas ocorrem dentro de nós e não fora; tudo é feito por nós mesmos e não por outrem; no campo do espírito e do coração; tudo sentido e não somente compreendido.

Assim, o Espírito, transformado pela evangelização, estará então apto a projetar-se para fora como elemento ativo e dinâmico, movimentado no sentido do Bem. Esse é o contributo que dá ao próximo depois de serem queimadas as impurezas e as inferioridades que são obstáculos a essa exteriorização, para que não transmita falsidades ou enganos aos seus semelhantes de boa fé.

83

Invocação

Desde muito, nos arraiais cristãos, à hora triste do crepúsculo, o doce lamento dos sinos se eleva dos campanários, como um enlevo que se criou, transcendendo a um dogma, e uma fé que se expandiu pelo mundo como uma bênção.

Nesta cidade rumorosa, olho agora o céu: nuvens claras sobem suavemente, formando figuras curiosas e as preces vão com elas, enquanto palpitam na Terra, presos de eterna angústia, os corações dos homens.

E vejo como a melancolia desta hora e a emoção que se irradia, acendem luzes nas almas e esperanças que nunca morrem, de uma vida melhor, amanhã, nos cimos eternos, onde há paz e alegria.

E faixas de cores de suaves matizes descem dos céus e penetram nas almas — de quantas delas! — e as aliviam de seus pesares e lhes aquietam os desesperos e lhes apaziguam as dores.

E vejo também como os olhos se umedecem de emoção, porque os homens sentem, nessa hora evocativa, que as luzes vêm de Ti, oh! Mãe Santa! e que Teu amor os ampara, nas sombras deste mundo triste, até que atinjam os pórticos sagrados do reino encantado, onde resplendes nos reflexos que circundam a Jesus, Teu filho e nosso mestre, divino condutor do rebanho humano para as glórias da vida eterna.

Obras de Edgard Armond:

Alerta aos Médiuns - Coordenação
Alguns Aspectos da Vida em Júpiter
Almas Afins
Amor e Justiça
Apocalipse de João (O)[1]
Aprendizes (Aos)
Aprendizes do Evangelho (Para os)
Caminhos do Espírito
Comentando Pensamentos Construtivos
Comentários Esotéricos
Comentários Evangélicos I a VI
Como Ensinar Religião às Crianças - Colaboração
Considerações sobre o Apocalipse de João[1]
Contos Espiritualistas
Contribuições ao Estudo da Mediunidade[4]
Cortina do Tempo (Na)
Cromoterapia
Curas Espirituais
Demonologia
Desenvolvimento Mediúnico
Dias Finais (Os)[1]
Difundindo o Evangelho[1]
Discípulos de Jesus (Aos)
Dupla Personalidade (A) = O Estranho Caso de Rose Ramires
Enquanto é Tempo
Épocas de Transição[1]
Espiritismo (O que é)
Espiritismo e a Próxima Renovação (O)
Espiritismo e Comunismo
Espiritismo e Esoterismo
Espiritismo e o Divórcio (O)
Espiritismo, Religião Redentora
Estudos e Temas = fascículo IX de "Iniciação Espírita"
Exilados da Capela (Os)
Falando ao Coração
Fraternidades do Espaço[3]
Guia do Aprendiz
Guia do Discípulo
Histórico dos Trabalhos de Curas Espirituais na FEESP
Hora do Apocalipse[1]
Iniciação Espírita - Coordenação
Lendo e Aprendendo
Libertação Espiritual
Livre Arbítrio (O)
Margens do Rio Sagrado (Às)
Mediunidade
Mediunidade Prática
Mediunidade de Prova
Mediunidade Tarefa
Mensagens
Mensagens e Instruções
Missão Social dos Médiuns[4]
Normas Básicas para Orientação Espírita
Novos Processos de Interc.
e Aperf. p/ Curas Espirituais
Passes e Radiações
Pensamentos em Prosa e Verso
Prevalência do Espiritismo Religioso[2]
Psiquismo
Questão do Divórcio (A)
Redentor (O)
Relembrando o Passado
Religião Redentora
Religiões e Filosofias[2]
Respondendo e Esclarecendo
Salmos
Salmos - opúsculo
Seara do Evangelho (Na)
Semeadura I (Na)
Semeadura II (Na)
Separações Conjugais à luz do Espiritismo
Tiradentes Missionário
Trabalhos Práticos de Espiritismo
Valor das Mensagens (O)
Verdades e Conceitos I
Verdades e Conceitos II
Verdades e Conceitos - opúsculo
Vida de Jesus (A)
Vivência do Espiritismo Religioso

[1] Agrupados sobre o título *A Hora do Apocalipse.*
[2] O texto Prevalência do Espiritismo Religioso foi incluído pelo autor na obra Religiões e Filosofias.
[3] Incluido em Vivência do Espiritismo Religioso.
[4] Incluido em Mediunidade.